Deutsch mit Olli 1

Fibel
Arbeitsheft
BASIS | PLUS
mit Druckschrift-Lehrgang
Teil B

erarbeitet von
Silke Bergmann
Diana Feldmeier
Sabine Pfitzner-Kierzek
Kati Steinecke
Gabriele Stoll
Stefanie Stroh
Anja Tiedje
Annett Zilger

mit Illustrationen von
Manuela Ostadal
Petra Eimer (Papageien)

 Deine **interaktiven Gratis-Übungen** findest du hier:

1. Gehe auf scook.de.
2. Gib den unten stehenden Zugangscode in die Box ein.
3. Hab viel Spaß mit deinen Gratis-Übungen.

Dein Zugangscode auf
www.scook.de | aanh6-ycsu4

 **Ä ä**

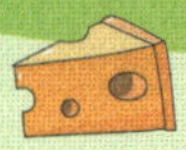

 Käse

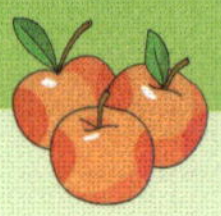

Ä ä

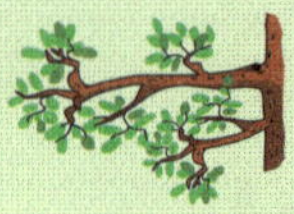

Äste

Bär

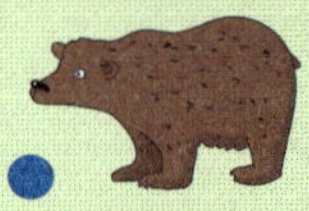

Käse

Käfer

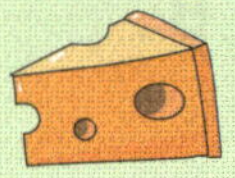

Milo wäscht die Flasche ab.

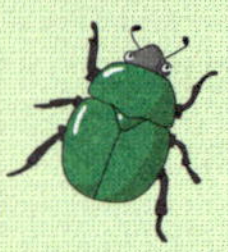

Opa hält Omas Hände.

 Wähle aus. Schreibe ab und schreibe weiter.

1 Das Mädchen Käte ist älter …

2 Im März zähle ich …

zu FS 62/63 – **oben** alle grauen Vorgaben nachspuren und Restzeilen entsprechend füllen
Mitte Sätze aus den Kästen erlesen und abschreiben
unten beide Satzanfänge erlesen – einen Satzanfang auswählen, ins Heft abschreiben und frei ergänzen

Ä ä

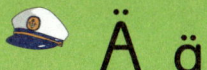

Käse

Ich bin der Kapitän!

1 Bilde die Mehrzahl.

das Blatt

die Blätter

der Hals

die

der Mann

die

der Mantel

Manche Wörter ändern sich in der Mehrzahl nicht.

der Ärmel → die Ärmel   der Käfer → die Käfer

das Mädchen →

---

2 Finde alles, was zusammenpasst.

| Braun | Käse | Wasch | Heft | Eis | Käfer | März |

-bär

Braunbär   Waschbär   Eisbär

zu FS 62/63 – **1.** *Lautbilder Käse und Äpfel* benennen – Begriff *Mehrzahl* wiederholen – Einzahlbegriffe über den Zeilen erlesen – Mehrzahl bilden und die lautliche Veränderung des Vokals abhören – Mehrzahlbeispiel *die Blätter* nachspuren – zu den weiteren Begriffen die Mehrzahlform bilden und mit Umlautung verschriften – im Klassenverband Ollis Merkkasten erlesen und besprechen – Plural von *das Mädchen* in die Zeile schreiben – **2.** Wiederholung „Komposita": Bestimmungswörter im oberen Kasten und Grundwort *-bär* im unteren Kasten erlesen – richtige Wörter aufschreiben (Lösungen in Ollis grünem Kasten)

Gg

Ä ä

 1

Immer drei Wörter gehören zu einer Wortfamilie.

Male diese Wörter mit der gleichen Farbe an.

die Schale	waschen	zählen
er zählt	schälen	sie schält
er wäscht	die Zahl	die Wäsche

 Finde noch andere Wortfamilien.

 2

Auf Fibelseite 63 ist es so:

Mila und Milo helfen Käte. Sie heben die Äste hoch.

Wobei hilfst du?

Schreibe hier etwas dazu auf.

beim Einkaufen

in der Schule

beim Abwasch

beim Kochen

zu FS 62/63 – 1. Einführung „Wortfamilie": erstes Beispiel gemeinsam erarbeiten – Kästen, die zu einer Wortfamilie gehören, mit derselben Farbe markieren – *optional:* Wörter zu weiteren Wortfamilien ins Heft schreiben
2. Text erlesen und frei dazu schreiben – dabei Themen aus den grünen Kästen (Anregungen) oder eigene Themen verwenden

 **Ü ü**  Tür  Nüsse

Ü ü

Tüte

Blüte

Nüsse

fünf

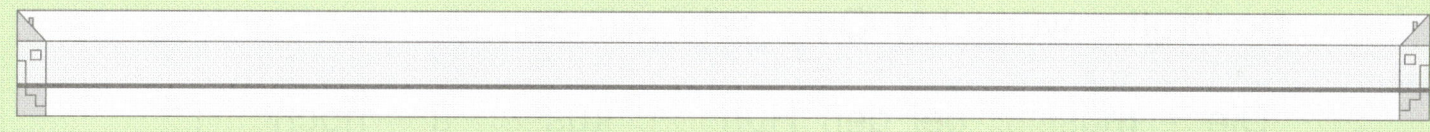

Milo füllt Schalen mit Müsli.

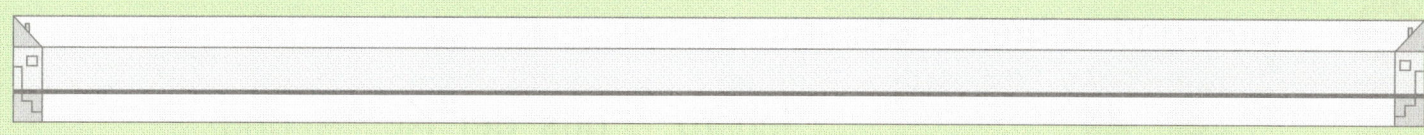

Über der Tür krümelt Olli.

 Schreibe ab und schreibe weiter.

1 In der Küche müssen …

2 Mit dem Füller übt Mila …

zu FS 64/65 – oben alle grauen Vorgaben nachspuren und Restzeilen entsprechend füllen
Mitte Sätze aus den Kästen erlesen und abschreiben
unten Satzanfänge erlesen – einen Satzanfang auswählen, ins Heft abschreiben und frei ergänzen

5

1

   **5**

2

Finde immer das falsche Wort.

> Das ist mein Tütü.

Olli liebt ~~übt~~ Nüsse über alles.

Früher klaute er Nüsse immer aus der Blüte Küche.

Sobald eine Tüte für raschelte, war Olli da.

Einmal wühlte blühte er im Müll nach den Schalen.

Da brüllte wünschte Oma sehr wütend:

„Diebe müssen bei den Hühnern küssen übernachten!"

3

Lies und schreibe ab.

> Ich rase aus der Küche und füttere im Hof fünf Hühner.

zu FS 64/65 – 1. *Lautbilder Tür und Nüsse* und abgebildete Begriffe benennen – Begriffe danach abhören, ob der /ü/-Laut am Wortanfang, irgendwo im Wortinnern oder als letzter Laut am Wortende klingt
2. „Stolperwörter": Sätze einzeln erlesen – nicht in den Satz passendes Wort ermitteln und rot durchkreuzen – Text noch einmal lesen
3. Satz aus Ollis Sprechblase erlesen und abschreiben (LeMeSchKo)

 **Ü ü**

Gg

1 Was fehlt? Überlege genau. Fülle dann aus.

Bl te   Blüte   Blüte   Bl te

5   fün   fün

Wür el   Wür el

F ller   F ller

Bü ste   Bü ste

2

wischen   blühen   küssen   füllen   krümeln

Überlege zuerst: Womit muss das fehlende Wort enden?
Fülle dann die Zeilen mit dem richtigen Wort.

Ein Krokus   blüht   neben Papas alter Laube.

Milo   _____   Wasser in einen Eimer.

Papa   _____   die Treppe sauber.

Olli   _____   gleich wieder mit Nüssen.

zu FS 64/65 – 1. „Lückenwörter": Begriffe benennen und Silben schwingen – abgedruckte Wörter dazu erlesen und Wortlücke erkennen – Begriff langsam
lautierend sprechen, fehlenden Laut/Buchstaben ermitteln und einschreiben – vollständiges Wort nachspuren und in der jeweiligen Zeile ergänzen
2. Auswahlverben im Kasten erlesen – Lückensätze erlesen – Wechsel der Personalform anhand des ersten Beispielsatzes ermitteln – Sätze mit dem jeweils
passenden Verb aus dem Kasten in der 3. Person Singular vervollständigen – genutzte Wörter nach und nach ausstreichen (ein Wort bleibt übrig: *küssen*)

G g

G G G G

Ga   Ga   Gi   Gi

Geld   Geld

Gemüse   Gemüse

Gesicht   Gesicht

Garten   Garten

Schreibe ab.

Gestern konnte ich Gitarre üben.

Genau so sehen Giraffen aus.

zu FS 66/67 – oben Formübung G: Flügelkontur innerhalb der Gans wie vorgegeben nachspuren – weißes G mit mehreren Farben nachspuren –
graue G einmal nachspuren – Feld mit weiteren G füllen – Schreibansatzpunkt und Richtungspfeile beachten
Mitte alle grauen Vorgaben nachspuren und Restzeilen entsprechend füllen
unten vorgegebene Sätze erlesen und ins Heft abschreiben

8

0 9 7 9 8 9 4 9 1 9 9

g   g   g   g

g   g

G g   G g

gut   gut

gelb   gelb

sagen   sagen

fragen   fragen

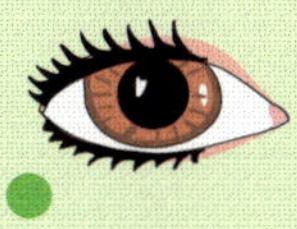

Auge   Auge

Igel liegen gemütlich im Gras.

zu FS 66/67 – oben Formübung g: alle Neunen innerhalb der „Telefonnummer" wie vorgegeben nachspuren – weißes g mit mehreren
Farben nachspuren – graue g einmal nachspuren – Feld mit weiteren g füllen – Schreibansatzpunkt und Richtungspfeile beachten
Mitte alle grauen Vorgaben nachspuren und Restzeilen entsprechend füllen
unten vorgegebenen Satz erlesen und ins Heft abschreiben

9

1

Aussagen enden mit einem ● .

Fragen enden mit einem **?** .

Markiere alle ● grün. Markiere alle **?** gelb.

> Wie betonst du Aussagen und Fragen?

Diese Aufgabe ist schwer.	Sind alle Berge grau?
Tragen Könige Kronen?	Gibt es grüne Tage?
Tiere fliegen mit Flügeln.	Im Regen liegen ist doof.

2

Schreibe hier alle Aussagen ab.

_____

_____

_____

Schreibe hier alle Fragen ab.

_____ ?

_____ ?

_____ ?

zu FS 66/67 – Ollis Seite zu „Aussagen und Fragen":
1. im Klassengespräch Aufgabe erlesen und sich über Ollis Hinweis austauschen – verschiedene Satzbetonungen ausprobieren –
in Einzelarbeit die Satzzeichen wie vorgegeben farbig markieren
2. Sätze von Aufgabe 1 erneut lesen – nach Aussagen und Fragen sortiert abschreiben (LeMeSchKo)

G g

1

2

Bilde aus einer Aussage eine Frage. Das geht so:

Aussage: Marta geht in den Garten .

Frage: Geht Marta in den Garten ?

Opa seine Geige trägt

Aussage: Opa .

Frage: T ?

Käte die Wege fegt

Aussage:

Frage: F

zu FS 66/67 – 1. *Lautbild Gabel* und abgebildete Begriffe benennen – Begriffe danach abhören, ob der /g/-Laut am Wortanfang, irgendwo im Wortinnern oder als letzter Laut am Wortende klingt
2. **Einführung „Satzumstellung":** im Klassengespräch erstes Beispiel zur Umwandlung einer Aussage in eine Frage erarbeiten – Großschreibung am Satzanfang und Satzschlusszeichen thematisieren – das zweite Beispiel selbstständig umwandeln

G g

3 Bilde Wörter aus den Silben. Welches Wort passt wohin?

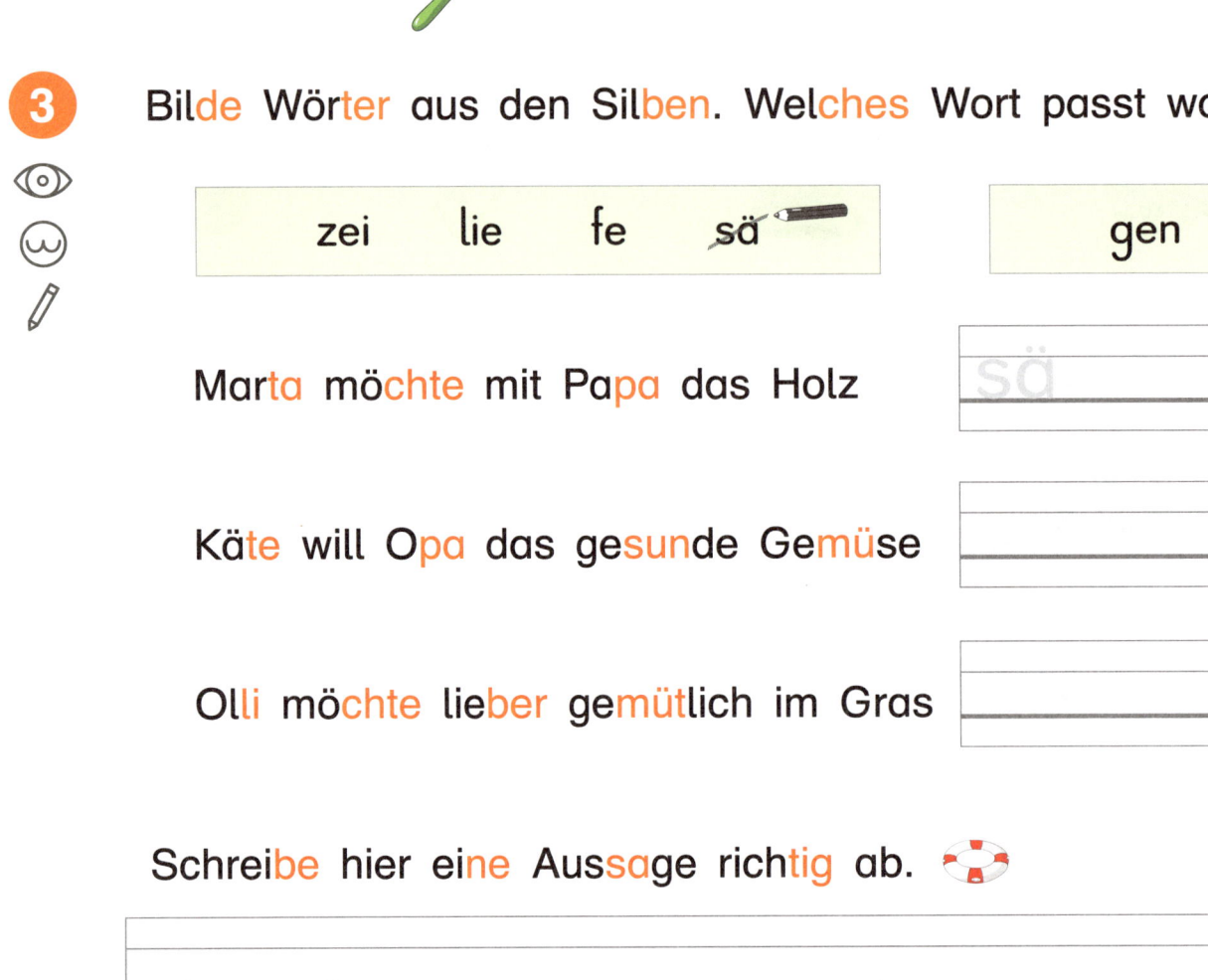

| zei | lie | fe | sä | | gen |

Marta möchte mit Papa das Holz sä _____ .

Käte will Opa das gesunde Gemüse _____ .

Olli möchte lieber gemütlich im Gras _____ .

Schreibe hier eine Aussage richtig ab.

_____

_____

_____

_____

4 Wo liest du ein g , aber hörst ein k?

Kreise grün ein.

Es ist ein sonniger Sonntag.

Im Garten liegen Äste

und ein riesiger Berg Sand.

Die Kinder bauen daraus lustige Burgen.

Olli landet auf einer Burg.

Prüfe:
ein Tag – zwei Tage
ein Berg – zwei Berge

zu FS 66/67 – 3. Auswahl der Erstsilben und die einzelne Zweitsilbe in den Kästen erlesen – ersten Satz erlesen und das vollständige Verb mit Endsilbe ergänzen – die weiteren Sätze entsprechend ergänzen – benutzte Silben ausstreichen (eine Silbe bleibt übrig: fe-) – eine der drei Aussagen abschreiben (LeMeSchKo)
4. Text erlesen und nach Vorgabe alle g abhören – Text erneut erlesen und alle g mit /k/-Lautung grün einkreisen – Ollis Sprechblase mehrfach lesen und die unterschiedlichen Lautungen des g abhören

12

G g

1 Welches Wort gehört **nicht** in die Zeile? Kreise es ein.

Igel	Papagei	Giraffe	⟨Gewitterwolke⟩

Salatgurke	Gesicht	Grünkohl	Spargel

Montag	Sonntag	August	Dienstag

Schreibe deine Lieblingstage hier auf.

---

2 Manchmal klingt g wie k.

In der Mehrzahl kannst du hier das g hören.

Mehrzahl: zwei ___Wege___   Einzahl: ein ___Weg___

Finde selbst Wörter, bei denen das auch so ist.

zwei _____   ein _____

zwei _____   ein _____

zu FS 66/67 – 1. mit einem Partnerkind am ersten Beispiel herausarbeiten, warum der Begriff „Gewitterwolke" nicht in das erste grüne Feld passt: eine Gewitterwolke ist kein Tier – die folgenden Zeilen individuell bearbeiten – Lieblingstage frei schreiben oder aus der dritten Zeile abschreiben
2. Beispiel zum Ableiten der Schreibweise des g-Auslautes aus dem Plural erlesen und nachvollziehen – weitere Beispiele finden und aufschreiben (ggf. Abbildungen *Zug* und *Zwerg* als Anregung nutzen)

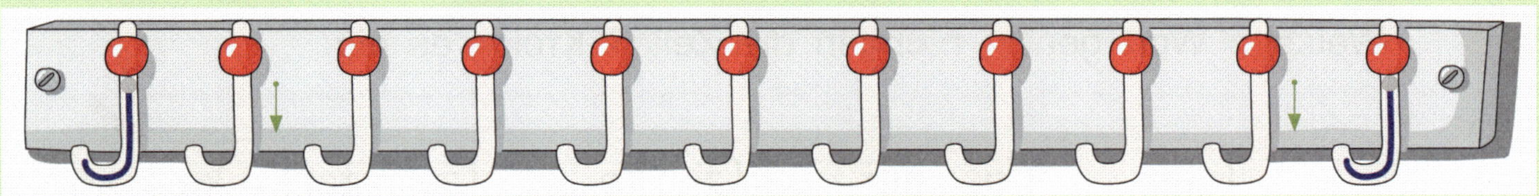

J j

J   J

j .2
↑1   j
j

J J	j j

| J j   J j | |

| Ju   Ju | ja   ja |

| Juni   Juni | |

| jeder   jeder | |

| jubeln   jubeln | |

Der Jaguar jagt den Jäger.

zu FS 70/71 – oben Formübung J: vorgegebene graue „Garderobenhaken" innen in Pfeilrichtung nachspuren – weiße J und j mit mehreren
Farben nachspuren – graue J und j einmal nachspuren – Felder mit weiteren J bzw. j füllen – Schreibansatzpunkt und Richtungspfeil beachten
Mitte alle grauen Vorgaben nachspuren und Restzeilen entsprechend füllen
unten vorgegebenen Satz erlesen und ins Heft abschreiben

J j

1 So wird aus einer Aussage eine Frage:

Aussage: Frau Jäger übt Judo .

Frage: Übt Frau Jäger Judo ?

Schreibe die Fragen zu den Aussagen in die Zeilen.

Aussage: Jana malt für das Jubiläum .

Frage:

M

Aussage: Jedes Kind jubelt beim Fest .

Frage:

J

Hast du an die Fragezeichen
am Ende gedacht?

?

Aussage: Maja übt mit einem Jo-Jo .

Frage:

Ü

zu FS 70/71 – 1. Wiederholung „Satzumstellung": Beispiel zur Umwandlung einer Aussage in eine Frage erlesen und nachvollziehen – drei Aussagen nach dem Muster des Beispiels selbstständig in Fragen umwandeln und aufschreiben – Großschreibung am Satzanfang und Satzschlusszeichen (Ollis Sprechblase) beachten

15

1 Trage die drei passenden Reimwörter ein.

will	dran	still	Hühnerbrust	an	Lebenslust

Januar, Februar, März, April,

die Jahresuhr steht niemals _____ .

Mai, Juni, Juli, August,

weckt in uns allen die _____ .

September, Oktober, November, Dezember

und dann, und dann

fängt das Ganze schon wieder von vorne _____ .

Rolf Zuckowski

Die
Jahresuhr

---

2 Unterstreiche alle 12 Monatsnamen in Aufgabe 1.
Ergänze hier die fehlenden Monatsnamen:

1 _____	2 Februar	3 _____

4 April	5 _____	6 Juni	7 _____

8 August	9 September	10 _____

11 November	12 Dezember

zu FS 70/71 – 1. Auswahlwörter und Lückentext erlesen – Lückentext mit den passenden Wörtern ergänzen – benutzte Wörter im Kasten ausstreichen
(drei Wörter bleiben übrig: *will, dran, Hühnerbrust*) – optional: Lied zum Text gemeinsam singen (Rolf Zuckowski: Die Jahresuhr)
2. alle 12 Monatsnamen in der ersten Aufgabe unterstreichen – vorgegebene Monatsnamen in den Zeilen erlesen und nachspuren – restliche Monatsnamen
aus Aufgabe 1 ermitteln und in der richtigen Reihenfolge in die Zeilen eintragen (LeMeSchKo)

16

Sp Sp Sp Sp Sp

Sp | Sp

Spinne | Spinne

Spiegel | Spiegel

Spur | Spur

Specht | Specht

Schreibe die Wörter
in die Zeile ab.

.Spiel .Sprache .Sport

 Beim Sportfest lernen alle lustige Spiele.

zu FS 72/73 – oben graue Sp einmal nachspuren – Feld mit weiteren Sp füllen
Mitte alle grauen Vorgaben nachspuren und Restzeilen entsprechend füllen – Ollis Sprechblase und Begriffe aus dem Kasten erlesen, Begriffe abschreiben
unten *optional:* vorgegebenen Satz erlesen und ins Heft abschreiben

17

Sp sp

sp   sp   sp   sp   sp   sp

sp   sp

Sp sp   Sp sp

spät   spät

spülen   spülen

spannen   spannen

spielen   sprechen   spinnen   spuken

Spanische Spechte sprechen mit sportlichen Spinnen.

zu FS 72/73 – **oben** graue sp einmal nachspuren – Feld mit weiteren sp füllen
Mitte alle grauen Vorgaben nachspuren und Restzeilen entsprechend füllen – Verben aus dem Kasten erlesen –
abgebildete Begriffe vor den Zeilen benennen und die Verben aus dem Kasten durch Abschreiben richtig zuordnen
unten *optional:* vorgegebenen Zungenbrecher erlesen und ins Heft abschreiben

Sp sp

1 Lies auf den Fibelseiten 72/73 nach. Was ist richtig?

○ Alle wollen gemeinsam Sport treiben.

○ Milo spannt ein Seil über den Hof.

○ Eine Spinne legt eine Spur.

○ Mila und Jana wollen alle einladen.

○ Jede Familie malt ein Plakat.

---

2 Immer drei Wörter gehören zu einer Wortfamilie.

Male die Wörter in der gleichen Farbe an.

Sport 🖊	Spieler
spielen	sportlich
Sporthalle	Spiel 🖊

Schreibe hier die Wörter sortiert auf. 🛟

Wortfamilie: Spiel	Wortfamilie: Sport

zu FS 72/73 – 1 Partnerlesen: Fibelseiten 72/73 aufschlagen – Sätze der Aufgabe nach und nach erlesen und jeweils mit
den Aussagen des Fibeltextes abgleichen – alle Aussagen ankreuzen, die sich mit den Fibeltext-Inhalten decken (1., 2. und 4.)
2. Einführung „Wortfamilie": ein Beispiel gemeinsam erarbeiten – Kästen, die zu einer Wortfamilie gehören, mit derselben
Farbe markieren – Wörter nach Wortfamilien sortiert abschreiben (LeMeSchKo)

19

3 Sprich alle Wörter. Zeichne Silbenbögen.

Spiegel

Gespenst

sparen

sprechen

Sp und sp spricht man nur zu Beginn einer Silbe wie in 🕷.

Wespe

wispern

lispeln

Knospe

---

4 Schreibe nur die Wörter mit Sp und sp wie in 🕷 ab.

---

5 Kreise zuerst alle (Sp) und (sp) wie in 🕷 ein.

Ein Gespenst und ein Geist spuken in einer Burg.

Das Gespenst lispelt:

„Ich sperre die Spinnen in die Speisekammer."

Der Geist wispert: „Ich spaziere durch den Spiegel."

Lies nun alles noch einmal mit einem Partnerkind.

zu FS 72/73 – 3. Wörter in den Kästen links und rechts jeweils deutlich artikulierend erlesen – Klangunterschiede bei
Sp und sp innerhalb der Wörter heraushören – Ollis Sprechblase erlesen – Silbenbögen unter die Wörter in den Kästen setzen
4. Wörter mit /sp/-Lautung wie in *Spinne* aus Aufgabe 3 abschreiben (LeMeSchKo)
5. Text lesen und alle Sp und sp wie in *Spinne* grün einkreisen – wiederholtes Lesen mit einem Partnerkind

20

Sp sp

ng

1 Schreibe eine Einladung.

 Wähle dazu aus jedem Feld eine Zeile aus.

- Liebe Eltern,
- Liebe Plüschtiere,
- Liebe Spechte,

wir laden ein
- zur Tanzaufführung
- zum Gruselfest
- zum Lärmmachen

- in der Sporthalle
- im Spukschloss
- im Spinnenbaum

- am Montag um 16 Uhr.
- um Mitternacht.
- morgens um 7.00 Uhr.

- Die Klasse 1a
- Der sprechende Koffer
- Die Krähen

Schreibe dann deine Einladung ins Heft.

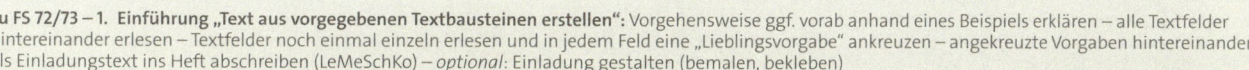

zu FS 72/73 – 1. **Einführung „Text aus vorgegebenen Textbausteinen erstellen"**: Vorgehensweise ggf. vorab anhand eines Beispiels erklären – alle Textfelder hintereinander erlesen – Textfelder noch einmal einzeln erlesen und in jedem Feld eine „Lieblingsvorgabe" ankreuzen – angekreuzte Vorgaben hintereinander als Einladungstext ins Heft abschreiben (LeMeSchKo) – *optional*: Einladung gestalten (bemalen, bekleben)

21

St st

St   St   St   St   St   St

St   St

• Stern   Stern

• Stein   Stein

• Stift   Stift

Finde Reimwörter,
die mit St beginnen.
Zum Beispiel:
      Bein
      Stein

• Raub   Hufe

   Staub

• Runde   • Turm

Olli malt Sterne und einen Stier
mit einem Stift auf einen Stapel Papier.

zu FS 74/75 – **oben** graue St einmal nachspuren – Feld mit weiteren St füllen
Mitte alle grauen Vorgaben nachspuren und Restzeilen entsprechend füllen – **Einführung „Reimwörter finden":** Ollis Sprechblase erlesen – Begriffe über den
Schreibzeilen erlesen und nach Vorgabe des Beispiels in Ollis Sprechblase Reimwörter mit St am Anfang finden – Reimwörter unter die vorgegebenen Wörter
schreiben – **unten** *optional:* vorgegebenen Satz erlesen und ins Heft abschreiben

st   st   st   st   st   st

st   st

St st   St st

still   still

stark   stark

stehen   stehen

er staunt   er steigt   er stört   er stapelt

staunen   stören

er

steigen   stapeln

zu FS 74/75 – oben graue st einmal nachspuren – Feld mit weiteren st füllen
Mitte alle grauen Vorgaben nachspuren und Restzeilen entsprechend füllen
unten Verbformen mit Pronomen in Ollis Kasten erlesen – Infinitivformen über den Schreibzeilen
erlesen – Verbformen mit Pronomen zu den passenden Infinitivformen schreiben

23

St st

1 Finde alles, was zusammenpasst.

Nikolaus	Stroh	Winter	Gummi	Ski	Stein

-stiefel

Nikolausstiefel

Nikolausstiefel   Winterstiefel   Gummistiefel   Skistiefel

2

St^r e n

St^n ei

St^r au ch

---

3 Bilde Wörter aus den Silben. Welches Wort passt wohin?

star	stei	sta

ten	peln	gen

Emil will mit den Spielen   star

Jasmin möchte Stoffwürfel

zu FS 74/75 – 1. Wiederholung „Komposita": Bestimmungswörter im oberen Kasten und Grundwort -stiefel im unteren Kasten erlesen – richtige Wörter aufschreiben (Lösungen in Ollis grünem Kasten) – 2. Begriff benennen – Einzelbuchstaben erlesen und in der richtigen Reihenfolge miteinander verbinden – Wort in die Zeile zum Bild schreiben – 3. Anfangs- und Endsilben in den Kästen erlesen – Lückensätze erlesen – aus den Anfangs- und Endsilben passende Verben bilden und die Lückensätze entsprechend ergänzen – benutzte Silben ausstreichen (zwei Silben bleiben übrig: stei- und -gen)

24

4 Sprich alle Wörter. Zeichne Silbenbögen.

Stimme

Strauch

stehen

steigen

St und st spricht man nur zu Beginn einer Silbe wie in ⭐.

Fenster

Fest

basteln

austragen

---

5 Schreibe nur die Wörter mit St und st wie in ⭐ ab. 🛟

---

6 Kreise zuerst alle (St) und (st) wie in ⭐ ein.

Emil und Milo streiten sich um eine gestreifte Weste.

Ela ist sauer: „Seid still! Ihr stört!

Die Weste gehört in die Kiste unter dem Fenster."

Emil stöhnt: „Ja, das stimmt!"

👥 Lies nun alles noch einmal mit einem Partnerkind.

zu FS 74/75 – 4. Wörter in den Kästen links und rechts jeweils deutlich artikulierend erlesen – Klangunterschiede bei St und st innerhalb der Wörter heraushören – Ollis Sprechblasse erlesen – Silbenbögen unter die Wörter in den Kästen setzen
5. Wörter mit /st/-Lautung wie in *Stern* aus Aufgabe 4 abschreiben (LeMeSchKo)
6. Text lesen und alle St und st wie in *Stern* grün einkreisen – wiederholtes Lesen mit einem Partnerkind

25

St st

1 Lies in der Fibel auf den Seiten 74 und 75 nach.

Welche Aussagen stimmen? Schreibe sie in dein Heft.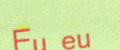

◯ Emil stapelt zehn Stoffkissen an der Pinnwand.

◯ Mamas Gummistiefel landet im Strauch.

◯ Milo stürzt bei der Wasserstaffel.

◯ Milos Papa startet beim Stallausmisten.

◯ Emils Turm mit den Stoffwürfeln ist eingestürzt.

◯ Ben hat den Rekord beim Treppensteigen aufgestellt.

◯ Mila strahlt, weil sie die Wasserstaffel gewonnen hat.

---

2 Erfinde lustige neue Staffelspiele.

> Ich glaube, ich finde Eierstapeln besser.

-weitwurf

-stapeln

-lauf

Streichholz | Streichholz

Dreibein

Kirschkern

---

zu FS 74/75 – 1. Partnerlesen: Fibelseiten 74/75 aufschlagen – Sätze der Aufgabe nach und nach erlesen und jeweils mit den Aussagen des Fibeltextes abgleichen – alle Aussagen ankreuzen, die sich mit den Fibeltext-Inhalten decken (2., 5. und 7.) – richtige Aussagen ins Heft abschreiben (LeMeSchKo)
2. Aufgabenstellung und Wortbausteine in den gelben und grünen Feldern erlesen – verschiedene Kombinationen zunächst mündlich zusammenbauen – drei beliebige Kombinationen aufschreiben, z. B. *Streichholzstapeln, Kirschkernweitwurf* oder *Dreibeinlauf* (passend zur Abbildung)

C c

C C C c C c

C c

Comic   Comic

Clown   Clown

Cent   Cent

Computer   Computer

Com

zu FS 76/77 – oben graue C und c einmal nachspuren – Feld mit weiteren C und c füllen
Mitte alle grauen Vorgaben nachspuren und Restzeilen entsprechend füllen
unten abgebildeten Schreibtisch betrachten – Wörter benennen, auf die die farbigen Linien verweisen – Wörter in die passenden Zeilen schreiben (alle Wörter wurden oben auf der Seite bereits geschrieben) – *optional:* weitere Begriffe, die auf dem Schreibtisch zu sehen sind, mit Artikel benennen und ins Heft schreiben

27

C c

1

Ich bin Coco.
In meinem Namen sprichst du
C und c wie in  .

Ich bin Celina.
In meinem Namen sprichst du
das C wie in  .

2

Namen mit C und c

Kreise alle C und c wie in  blau ein.

Kreise alle C und c wie in 🪙 gelb ein.

Caroline   Marco   Lucie   Carla   Marcel   Lucas

3

Welches Wort passt am besten? 🛟

Cent   Comic   Computer   Clown   Lucie

Damit bezahlt man:

Er hat oft eine rote Nase:

Darin sind Bilder und Sprechblasen:

Damit kommst du ins Internet:

zu FS 76/77 – **1.** Klassengespräch: Sprechblasen der Fibel-Äffchen *Coco* und *Celina* erlesen und sich über die verschiedenen Lautungen des C und c austauschen
2. Namen im Kasten erlesen – Klang des C oder c in den Wörtern abhören und Grapheme wie vorgegeben farbig einkreisen
3. Auswahlwörter und Lückensätze erlesen – Lückensätze jeweils mit dem passenden Auswahlwort ergänzen – benutzte Wörter im Kasten ausstreichen
(ein Wort bleibt übrig: Lucie)

Eu eu
Pf pf

1 Trage die Wörter in das Kreuzworträtsel ein.

Achte dabei auf die Pfeile.

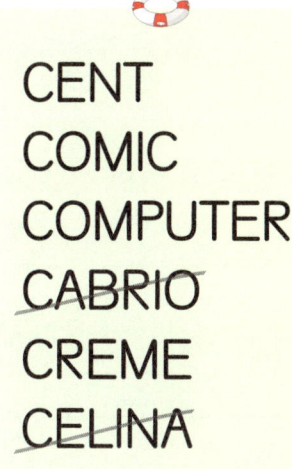

CENT
COMIC
COMPUTER
CABRIO
CREME
CELINA

C A B R I O

C O M

C E L I N A

---

2 Würfelt einmal für 🟩 und einmal für 🟧.

⚀ Ein lustiger Clown	⚀ tanzt auf einem Seil.
⚁ Der alte Computer	⚁ rattert auf dem Tisch.
⚂ Ein bunter Comic	⚂ liegt unter dem Bett.
⚃ Die kleine Celina	⚃ buddelt im Sand.
⚄ Ein rostiger Cent	⚄ rollt in den Gulli.
⚅ Der Affe Coco	⚅ klaut eine Banane.

zu FS 76/77 – 1. Einführung „Kreuzworträtsel": Aufgabe betrachten und Vermutungen zu Lösungswegen äußern – Großschreibung und Schreibausrichtung thematisieren – im Kasten vorgegebene Begriffe erlesen und den Abbildungen zuordnen (Begriff *Cabrio* ggf. klären) – Begriffe *Cabrio* und *Celina* nachspuren – restliche Begriffe in Großbuchstaben passend eintragen – **2.** Einführung „Würfelsätze": Partnerspiel (beliebig oft zu wiederholen): erstes Kind erwürfelt Satzanfang aus dem linken Kasten, zweites Kind erwürfelt Satzergänzung – Erlesen des vollständigen Satzes – *optional:* erwürfelte Sätze ins Heft abschreiben

eu   Eu   Eu   eu

eu   eu

Eu eu   Eu eu

Eule   Eule

Euro   Euro

Freunde   Freunde

neu   neu

heute   heute

heulen   **leuchten**   **ankreuzen**

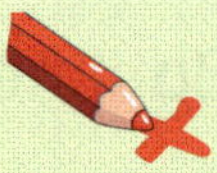

zu FS 78/79 – oben graue Eu und eu einmal nachspuren – Feld mit weiteren Eu und eu füllen
Mitte alle grauen Vorgaben nachspuren und Restzeilen entsprechend füllen
unten Verben aus dem Kasten erlesen – abgebildete Begriffe vor den Zeilen benennen und die Verben aus dem Kasten durch Abschreiben richtig zuordnen

Eu eu

1

der oder die oder das ?

Feuer   Euro   Kreuz   Eule

die

➕

(Lösungen, auf dem Kopf stehend:) die Eule   der Euro   das Kreuz   das Feuer

---

2

Kreise zuerst alle (Eu) und (eu) rot ein.

Kreuze die drei richtigen Aussagen an.

◯ Eulen kaufen gerne teure Kleider.

◯ Neun Euro sind mehr als fünf Euro.

◯ Ein treuer Freund ist wichtig.

◯ Manche Leute lieben heulende Perlen.

◯ Nachts leuchten die Sterne am Himmel.

Schreibe die richtigen Aussagen in dein Heft.

zu FS 78/79 – 1. bestimmte Artikel und Wörter im Kasten erlesen – abgebildete Begriffe benennen – Wörter mit Artikel
neben die passenden Abbildungen abschreiben (LeMeSchKo – Lösungen in Ollis grünem Kasten)
2. Sätze erlesen und alle Eu und eu rot einkreisen – Sätze erneut einzeln erlesen und auf ihre Sinnhaftigkeit überprüfen –
sinnvolle Sätze ankreuzen (2., 3. und 5. Satz) und ins Heft abschreiben (LeMeSchKo)

3

F __ __ e
__ eu __
__ __ r

B __ __ eu
__ l __ e

Eu __ __ r
__ __ o

4

Lies in der Fibel auf den Seiten 78 und 79 nach.
Kreuze an, was stimmt.

Die Eule freut sich über
○ neun heulende Leute.
○ die Hilfe ihrer Freunde.
○ eine fette neue Beule.

Die Feuerwehr will
○ einem Ungeheuer helfen.
○ leuchtende Sterne löschen.
○ eine Eulenhöhle retten.

zu FS 78/79 – **3.** Begriff benennen – Einzelbuchstaben erlesen und in der richtigen Reihenfolge miteinander verbinden – Wort in die Zeile zum Bild schreiben
4. Fibelseiten 78/79 aufschlagen und erlesen – jeweils Satzanfang und Auswahlergänzungen erlesen und mit den Aussagen des Fibeltextes abgleichen – passende Satzergänzung ankreuzen (oben: 2.; unten: 3.) und vollständigen Satz abschreiben (LeMeSchKo)

Vv Xx
ng

1

Lies den Text über Eulen genau.

Unterstreiche, was Eulen fressen.

Alle Eulen können sehr gut hören.

Manche haben Federbüschel

an den Ohren.

Eulen haben einen gebogenen Schnabel.

Sie fressen kleine Vögel, Feldhasen,

Kaninchen, aber auch Regenwürmer.

Die Eule fängt ihre Beute

mit ihren scharfen Krallen.

Eulen sind sehr treu.

Ein Eulenpaar bleibt für immer zusammen.

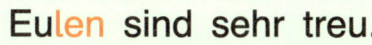

2

Was fressen Eulen?

zu FS 78/79 – 1. Sachtext zur Eule mehrfach erlesen – Foto betrachten und Textaussagen zum äußeren Erscheinungsbild darin überprüfen –
Nahrung der Eulen im Text unterstreichen – *optional:* weitere Informationen zu Eulen sammeln und/oder ein Plakat dazu gestalten
2. Nahrung der Eulen aus dem Sachtext abschreiben oder einen kleinen Text dazu frei schreiben

33

V v

 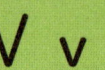 

v V V v v

V

Vogel Vogel

Vater Vater

Vase Vase

Vampir Vampir

Vulkan Vulkan

Mein Vorname ist:

Mein Vorname ist Olli.

Ich bin heute ein Vampir.

 Olli fliegt als Vampir über einen Vulkan.

zu FS 80/81 – **oben** graue V und v einmal nachspuren – Feld mit weiteren V und v füllen
Mitte alle grauen Vorgaben nachspuren und Restzeilen entsprechend füllen
unten Ollis Sprechblase erlesen – Satz im Kasten erlesen und ins Heft abschreiben

v   v

V v   V v

von   von

vier   vier

viel   viel

voll   voll

vorbei   vorbei

das Kla**vier**   die Kur**ve**   der No**vem**ber

zu FS 80/81 – oben alle grauen Vorgaben nachspuren und Restzeilen entsprechend füllen
unten Nomen aus dem Kasten erlesen – abgebildete Begriffe vor den Zeilen benennen und
die Nomen durch Abschreiben (einfach oder mehrfach) richtig zuordnen

35

1 Was tun die Kinder hier?

| lesen | malen | rennen |

sie

sie

sie

Diese Wörter nennen wir Verben.

Verben erklären, was jemand tut.

Verben schreiben wir klein.

2 Kreise nur die vier Verben ein.

laufen	Vater	Himmel
Vogel	weinen	Verkehr
schreiben	Zimmer	schlafen

3 Spiele vor, was du tun kannst. Lass andere Kinder raten.

zu FS 80/81 – Ollis Seite zu „Verben": **1.** Abbildungen betrachten und Verben über den Schreibzeilen erlesen – Ollis Sprechblasenaussage im Klassengespräch erörtern – in Einzelarbeit die Verben im Infinitiv abschreiben
2. Wörter im Kasten erlesen – Verben ermitteln und einkreisen
3. ein Kind wählt ein beliebiges Verb und stellt es pantomimisch dar – andere Kinder erraten, welches Verb gemeint ist

V v

1  Das V oder v sprichst du wie in oder wie in .

 Kreise (V) und (v) wie in Vogel grün ein.

Kreise (V) und (v) wie in Vase blau ein.

November	Verband	Verb
Kurve	Vorname	Verkehr

---

2 Schreibe nun die Wörter von oben in die passende Zeile.

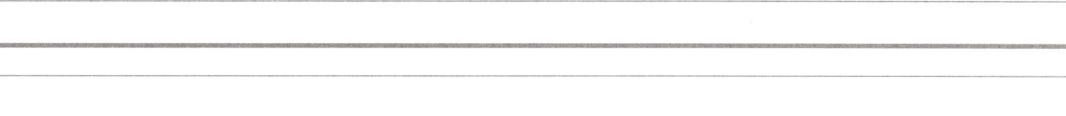

---

3 Kreuze zuerst an, was stimmt.

◯ Ein Tag dauert nur vier Stunden.

◯ Ein leerer Eimer ist nicht voll.

◯ Oft kaufen wir zu viel von etwas ein.

Kreise die vier Wörter mit v ein. Schreibe sie ins Heft.

zu FS 80/81 – 1. *Lautbilder Vogel und Vase* benennen – unterschiedliche /v/-Lautungen abhören und benennen (stimmlos: wie in *Vogel* – stimmhaft: wie in *Vase*)
– Wörter erlesen und darin alle stimmlos klingenden V/v grün, alle stimmhaft klingenden V/v blau einkreisen
2. Wörter aus Aufgabe 1 nach stimmloser und stimmhafter Lautung sortiert in die Zeilen abschreiben (LeMeSchKo)
3. Sätze erlesen und auf Wahrheitsgehalt überprüfen – richtige Sätze ankreuzen (2. und 3. Satz) – Wörter mit v einkreisen und ins Heft abschreiben (LeMeSchKo)

4

Jedes Kind würfelt einmal.

1. Kind	2. Kind

1. Kind

- Der kleine Vampir
- Der liebe Vater
- Der lustige Vogel
- Der verliebte Kater
- Der vorsichtige Olli
- Die mutige Valentina

2. Kind

- verliert vier Zähne.
- vermisst eine Brille.
- hopst vor das Fenster.
- schnurrt viel.
- knabbert am Pullover.
- spielt auf dem Klavier.

Lest eure gewürfelten Zeilen direkt hintereinander.

5

Schreibe hier zwei lustige Aussagen von oben auf.

1.

2.

zu FS 80/81 – 4. „Würfelsätze": Partnerspiel (beliebig oft zu wiederholen): erstes Kind erwürfelt Satzanfang aus dem linken Kasten, zweites Kind erwürfelt Satzergänzung – Erlesen des vollständigen Satzes
5. zwei der erwürfelten Sätze ins Heft abschreiben (LeMeSchKo) – optional: weitere Sätze ins Heft abschreiben

V v

Das sind alles Verben.

1 Finde Wörter zu den Bildern.

① tragen

ver ⟨ kaufen

binden

vertragen ◯ ③

ver ◯

◯

① spielen

vor ⟨ sagen

lesen

vorspielen ◯

vor ◯

◯

zu FS 80/81 – 1. Abbildungen betrachten, Vorsilben und Verben erlesen – Beispiellösung *verkaufen* erlesen und nachspuren – die Verben *vertragen* und *verbinden* ermitteln und in die Zeilen schreiben – die passende Bildnummer jeweils in den Kreis daneben eintragen

39

ck ck ck ck ck ck ck

ck ck

● Jacke ... Jacke

● Rücken ... Rücken

● Hecke ... Hecke

● Zucker ... Zucker

| Stock | Picknick | Sack | Rock |

● ●

● ●

40

zu FS 84 – oben graue ck einmal nachspuren – Feld mit weiteren ck füllen
Mitte alle grauen Vorgaben nachspuren und Restzeilen entsprechend füllen
unten Wörter aus dem Kasten erlesen – abgebildete Begriffe vor den Zeilen benennen und die Wörter aus dem Kasten durch Abschreiben richtig zuordnen

dick   dick

lecker   lecker

packen   packen

hocken   hocken

backen   backen

lecken   lecken

Ordne zu.

Olli packt den Koffer.

Opa backt ein Brot.   Oma deckt den Tisch.

zu FS 84 – oben alle grauen Vorgaben nachspuren und Restzeilen entsprechend füllen
unten Sätze erlesen – abgebildete Begriffe vor den Zeilen benennen und die Sätze durch Abschreiben richtig zuordnen

41

1 Ergänze Reimwörter mit ck.

packen

b

nicken

p

lecken

schm

kleckern

m

2 Kreuze an, was stimmt.

Mila trägt
- ◯ eine schicke Jacke.
- ◯ einen Rucksack.
- ◯ einen neuen Rock.

Olli hockt
- ◯ unter einer Decke.
- ◯ in einer Hecke.
- ◯ in einer Zahnlücke.

3 Schreibe eine richtige Aussage aus Aufgabe 2 auf.

zu FS 84 – 1. „Reimwörter finden": Begriffe über den Schreibzeilen erlesen und Reimwörter mit den vorgegebenen Graphemen
am Wortanfang finden – Reimwörter unter die vorgegebenen Wörter schreiben
2. Satzanfang und Auswahlergänzungen erlesen – Abbildung daneben betrachten – jeweils zur Abbildung passende Satzergänzung ankreuzen
3. eine richtige Aussage aus Aufgabe 2 auswählen und abschreiben (LeMeSchKo)

4 Welches Wort passt in welche Lücke?

dick   glücklich   lecker   trocken   dreckig

Die Torte schmeckt besonders _____ .

Olli kleckert und wird total _____ .

Ollis Bauch ist voll und ganz _____ .

Aber Olli ist _____ .

5

R o ck

J a ck e

M ü ck e

_____

_____

_____

6 Trenne die Wörter mit einem Strich. Schreibe sie dann ab.

J a c k e | R o c k M ü t z e L ü c k e

_____

zu FS 84 – **4.** Auswahlwörter und Lückensätze erlesen – Lückensätze jeweils mit dem passenden Auswahlwort ergänzen – benutzte Wörter im Kasten ausstreichen (ein Wort bleibt übrig: *trocken*) – **5.** Begriff benennen – Einzelbuchstaben erlesen und in der richtigen Reihenfolge miteinander verbinden – Wort in die Zeile zum Bild schreiben – **6.** „Wörterschlange": Wortfolge mehrfach erlesen – Wortgrenzen ermitteln und durch einen roten senkechten Strich kennzeichnen – Wörter einzeln abschreiben (LeMeSchKo)

ck

1 Verben mit ck

Was tun wir?	Was tue ich?	Was tut Olli?
wir backen	ich backe	er backt
wir hocken	ich	er
wir drücken		
wir lecken		

Ich habe nie Zahnweh.

2 Welches Wort passt?

Zahnarzt	Wackelzahn	Zahnlücke	Zahnwurzel	Eckzahn

Er sieht aus wie eine Zacke: Eckzahn .

Dort fehlt ein Zahn: .

Er wackelt und fällt bald raus: .

Er untersucht unsere Zähne: .

zu FS 84 – 1. Einführung „Verbformen": Verbformen zeilenweise erlesen – Veränderungen am Wortende ermitteln – erstes Beispiel nachspuren – weitere Verben in der 1. Person Plural erlesen und in der 1. und 3. Person Singular analog zum Beispiel ergänzen
2. Auswahlwörter und Aussagen erlesen – jeweils passendes Auswahlwort neben die entsprechende Aussage schreiben – benutzte Wörter im Kasten ausstreichen (ein Wort bleibt übrig: Zahnwurzel)

β

Fuß

β

β   β   β   β

β

Fuß   Fuß

Straße   Straße

heiß   heiß

weiß   weiß

groß   groß

Barfuß laufen macht großen Spaß.

zu FS 85 – oben Formübung ß: rechten Schmetterlingsflügel wie vorgegeben nachspuren – weißes ß mit mehreren Farben
nachspuren – graue ß einmal nachspuren – Felder mit weiteren ß füllen – Schreibansatzpunkt und Richtungspfeil beachten
Mitte alle grauen Vorgaben nachspuren und Restzeilen entsprechend füllen
unten vorgegebenen Satz erlesen und ins Heft abschreiben

45

 Fuß ß

 Bilde Aussagen.

| weiß | Zähne | sind |

Zähne sind weiß.

| Blumen | Gärtner | gießen |

| beißen | Hunde | können |

 Ein großes ß schreibt man nur ganz selten.

Nur wenn alle Buchstaben großgeschrieben sind.

 Markiere das große ß.

 SÜßE WAFFELN 3,00 EURO

zu FS 85 – **oben** Ollis Sprechblase mit Aufgabenstellung erlesen – erstes Beispiel nachvollziehen und nachspuren – aus den Wörtern jeweils oberhalb der Folgezeilen einen weiteren sinnvollen Satz bilden und aufschreiben
unten Klassengespräch: Sprechblasen erlesen und Abbildung betrachten – feststellen, dass auf dem Plakat nur Großbuchstaben verwendet werden – Plakattext erlesen und den Großbuchstaben zum ß finden und einkreisen – *optional*: beliebige Wörter in Großbuchstaben aufschreiben (an der Tafel oder im Heft)

ß

 Fuß

1 Bilde passende Wörter aus Silben.

einen Rucksack

rei	
schlie	ßen

schlie

in eine Banane

grü	
bei	ßen

---

2 Kreuze an und schreibe ab. 🛟

Die Schneidezähne

◯ begrüßen den süßen Olli.

◯ beißen große Stücke ab.

◯ sind an den heißen Füßen.

_____

_____

Die Backenzähne

◯ heißen auch Höhlenzähne.

◯ reißen Stücke aus unseren Speisen heraus.

◯ zerkauen fleißig unsere Speisen.

zu FS 85 – 1. Abbildung betrachten und Silben im Kasten daneben erlesen – Satzfragment über
der Zeile erlesen – dazu passendes Verb aus den Silben zusammensetzen und darunterschreiben
2. *oben:* Satzanfang und Auswahl der Satzergänzungen erlesen – Abbildung betrachten – zur Abbildung
passende Satzergänzung ermitteln und ankreuzen – vollständigen Satz abschreiben (LeMeSchKo) – *unten:* vollständigen Satz ins Heft abschreiben

47

1 Was weißt du über Nahrungsmittel?

Finde die Gegenteile:

Rosinen sind klein.

Melonen sind _____.

Eis ist kalt.

Suppe _____.

Zitronen sind sauer.

Bananen _____.

süß – sauer

klein – groß

kalt – heiß

---

2 Finde andere Nahrungsmittel, die meistens süß, heiß oder groß sind.

Schreibe Aussagen auf:

Weintrauben sind süß.

Schokolade ist _____.

_____

_____

zu FS 85 – 1. Aufgabenstellung und Sätze über den Zeilen erlesen – Wörter in den Schreibzeilen erlesen und
zu den vorgedruckten Sätzen passende „Gegenteil-Sätze" aufschreiben – Lösungshilfe: Wörter auf Ollis Zettel rechts oben
2. freies Schreiben nach dem Satzmuster von Aufgabe 1 zu den abgebildeten oder anderen Nahrungsmitteln

Pf pf

pf Pf Pf Pf pf pf Pf

Pf pf Pf pf

 Pferd Pferd

Kopf Kopf

pflanzen pflanzen

pflegen pflegen

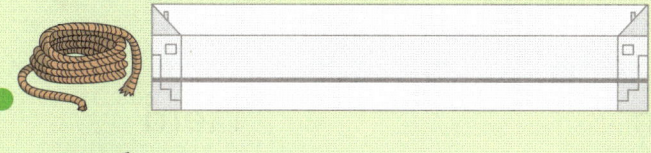

Schreibe die Reimpaare untereinander ab.

| Knopf | Seil | Topf | Pfeil |

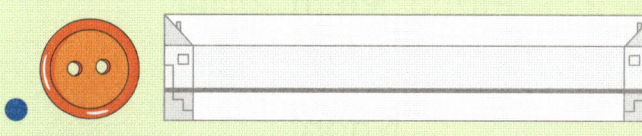

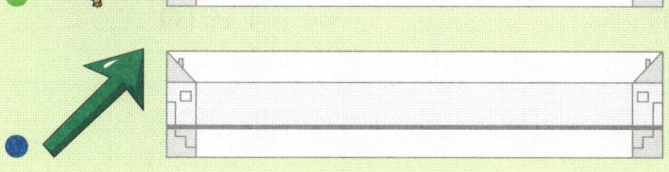

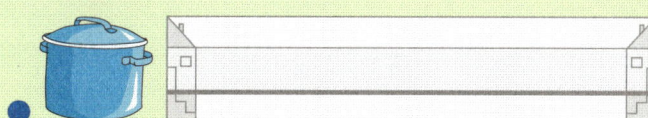

zu FS 86 – **oben** graue Pf und pf einmal nachspuren – Feld mit weiteren Pf und pf füllen
Mitte alle grauen Vorgaben nachspuren und Restzeilen entsprechend füllen
unten Wörter aus dem Kasten erlesen, abhören und Reimpaare ermitteln – passende Abbildungen
vor den Zeilen suchen und die Reimwörter untereinander zu den Abbildungen schreiben

49

Pf pf

1 Kreise alle (Pf) und (pf) ein. Welches Wort passt?

Pfoten	Knopf	Napf	Pfanne

An der Hose ist ein _____ .

An der

Die _____ ist sehr heiß.

Der Hund hat vier _____ .

2

Z o pf

Pf e r d

A pf e l

3 Finde Reimwörter.

Knopf	Tanne	Herd

zu FS 86 – 1. Auswahlwörter erlesen und alle Pf und pf grün einkreisen – Lückensätze erlesen und jeweils passendes Lückenwort anhand der Auswahl oben ermitteln – vollständigen Satz in die Zeile abschreiben – genutzte Wörter aus der Auswahl ausstreichen (ein Wort bleibt übrig: Napf)
2. Begriff benennen – Einzelbuchstaben erlesen und in der richtigen Reihenfolge miteinander verbinden – Wort in die Zeile zum Bild schreiben
3. Begriffe oberhalb der Zeilen erlesen – passende Reimwörter frei oder mithilfe der Abbildungen finden und darunterschreiben

tz ng

1 Was tut er oder sie?

pflanzen — er pflanzt

pflegen — sie

zupfen — er

hüpfen — sie

---

2 Kreise ein, was du zum Zähneputzen brauchst.

Pflaumenmus   Zahnputzbecher   Pfannenwender

Zahnbürste   Pfeffermühle   Zahnpasta

---

3 Streiche alle falschen Wörter rot durch.

Kauflächen: Zuerst pflanzt putzt du die Kauflächen.
                 Bürste dabei sanft Pfoten hin und her.

Außenflächen: Dann putzt du die Pferde Außenflächen.
                 Putze hüpfe mit kreisenden Bewegungen.

Innenflächen: Zuletzt zupfst putzt du die Innenflächen.
                 Putze von Rot nach Weiß immer im Knopf Kreis.

zu FS 86 – 1. Verben im Infinitiv erlesen – Verbform in der 3. Person Singular ermitteln und danebenschreiben
2. Aufgabenstellung und Auswahlwörter erlesen – zum Zähneputzen passende Komposita einkreisen
3. „Stolperwörter": Sätze einzeln erlesen – nicht in den Satz passendes Wort ermitteln und rot durchkreuzen – Text noch einmal lesen

51

 Katze

tz

tz   tz   tz   tz
tz   tz

tz   tz

Satz   Satz

Platz   Platz

Schatz   Schatz

Spatz   Spatz

Ordne jeden Satz einem Bild zu.

Plötzlich leuchtet ein Blitz auf.

Ben ist auf dem Spielplatz.

zu FS 87 – **oben** graue tz einmal nachspuren – Feld mit weiteren tz füllen
Mitte alle grauen Vorgaben nachspuren und Restzeilen entsprechend füllen
unten Sätze erlesen – abgebildete Begriffe vor den Zeilen benennen und die Sätze durch Abschreiben richtig zuordnen

putzen

sitzen

witzig

zuletzt

jetzt

Ordne richtig zu.

er sitzt   sie schwitzt

er schmatzt   es blitzt

sitzen	→	er sitzt
schwitzen	→	sie
schmatzen	→	er
blitzen	→	es

zu FS 87 – oben alle grauen Vorgaben nachspuren und Restzeilen entsprechend füllen
unten Verben in der 3. Person Singular erlesen – Infinitivformen in der linken Spalte erlesen
und nachspuren – Verbformen aus dem Kasten durch Abschreiben richtig zuordnen

1 Lies jeden Satz laut. Achte auf deine Stimme.

> Hilfe,
> es brennt!

> Komm sofort her!

> Setz dich hin!

Ein solcher Satz heißt Ausrufesatz.
Er endet mit einem Ausrufezeichen: !

---

2 Lies jeden Satz.

Markiere: **.** blau   **?** gelb   **!** grün

> Lass den Spatz in Ruhe!
>
> Wann sind Ferien?
>
> Heute scheint die Sonne.

Schreibe hier den   Aussagesatz   ab.

Schreibe hier den   Fragesatz   ab.

Schreibe hier den   Ausrufesatz   ab.

zu FS 87 – Ollis Seite zu „Sätzen":
1. im Klassengespräch Aufgabe erlesen und sich darüber austauschen – weitere Ausrufesätze mündlich formulieren und mit der richtigen Betonung sprechen – Ausrufezeichen nachspuren und ergänzen **2.** Satzschlusszeichen und Begriffe *Aussagesatz/Fragesatz/Ausrufesatz* wiederholen – Beispielsätze erlesen und die Satzschlusszeichen wie vorgegeben farbig markieren – Sätze nach markierter Bezeichnung sortiert abschreiben

 Katze

1   Was passt wohin?

Beginne immer mit einem großen Buchstaben.

| der Satz   das Kätzchen   das Rehkitz   der Platz |

Das _____ sitzt auf Omas Schoß.

_D_____ ist einfach zu lesen.

_____ steht allein im Wald.

_____ ist voller Schmutz.

---

2 Zweimal würfeln, lesen und schreiben.

- Fritz
- Der Lehrer
- Tante Ute
- Der Dreckspatz
- Moritz
- Die Katze

sitzt

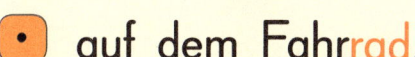

- auf dem Fahrrad.
- im Schmutz.
- in der Pfütze.
- auf dem Baum.
- in der Mülltonne.
- im Spatzennest.

zu FS 87 – 1. Auswahlwörter und Lückensätze erlesen – jeweils passendes Lückenwort ermitteln und mit Artikel in die Zeile schreiben – auf Großschreibung am Satzanfang achten – genutzte Wörter aus der Auswahl ausstreichen – optional: alle tz grün einkreisen
2. „Würfelsätze": Partnerspiel (beliebig oft zu wiederholen): erstes Kind erwürfelt Satzanfang aus dem linken Kasten, zweites Kind erwürfelt Satzergänzung – wiederholtes Erlesen des vollständigen Satzes zusammen mit dem Verb sitzt als Prädikat – optional: erwürfelte Sätze ins Heft schreiben

1

Welche Wörter passen nicht zur Überschrift?
Streiche sie durch.

Die Hitze

der Sommer   frieren

die Handschuhe

heiß   der Schneemann

schwitzen

Das Gewitter

der Blitz   leise

der Spielplatz

laut   blitzen

schwimmen

2

Die Klasse 1b spielt ein Ratespiel.

Moritz beschreibt:
1. Jedes Kind hat ihn in der Schultasche.
2. Er ist aus Plastik oder Metall.
3. Stumpfe Stifte macht er wieder spitz.

Das ist der _____ .

Anna beschreibt:
1. Du kannst mit ihr kritzeln.
2. Sie schreibt auf der Tafel oder draußen auf dem Boden.
3. Du kannst sie mit Wasser wegputzen.

Das ist die _____ .

der Anspitzer   die Kreide

zu FS 87 – 1. Überschrift-Begriffe und Wörter darunter erlesen – Begriffe durchstreichen, die nicht zur jeweiligen Überschrift passen –
optional: begründen, warum die durchgestrichenen Begriffe nicht zur Überschrift passen
2. Partnerarbeit: Aussagen zu jeweils gesuchtem Gegenstand erlesen – Lösungsbegriff frei verschriften (Lösungen im grünen Kasten rechts)

nk

 Schra**nk**

nk   nk   nk   nk   nk

nk .... nk

links .... links

dunkel .... dunkel

Onkel .... Onkel

 Schrank .... Schrank

Schrei**be** a**ll**e Reim**wör**ter un**tere**i**nan**der ab.

er denkt	sie trinkt
sie winkt	er lenkt

er schenkt .... | sie blinkt ....

er .... | sie ....

er .... | sie ....

zu FS 88 – oben graue nk einmal nachspuren – Feld mit weiteren nk füllen
Mitte alle grauen Vorgaben nachspuren und Restzeilen entsprechend füllen
unten Verbformen im Kasten erlesen, abhören und Reimpaare ermitteln – passende Spalte darunter suchen –
jeweils erstes Beispiel nachspuren und Reimwörter/Verbformen aus dem Kasten untereinander abschreiben

57

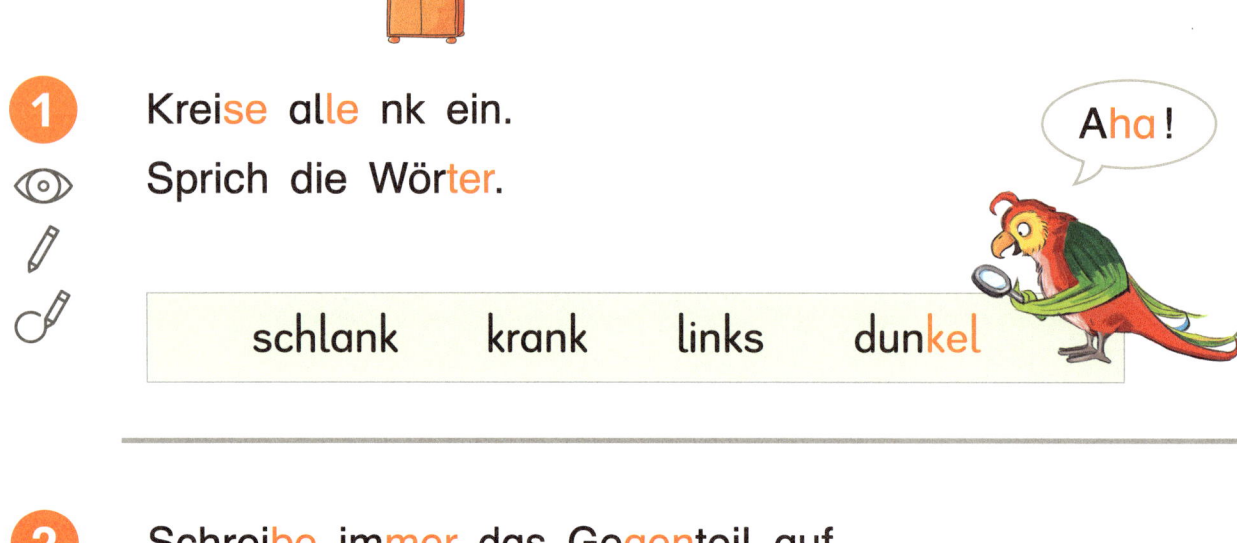

Schrank

nk

1 Kreise alle nk ein.

Sprich die Wörter.

| schlank | krank | links | dunkel |

2 Schreibe immer das Gegenteil auf.

Schaue in Aufgabe 1 nach.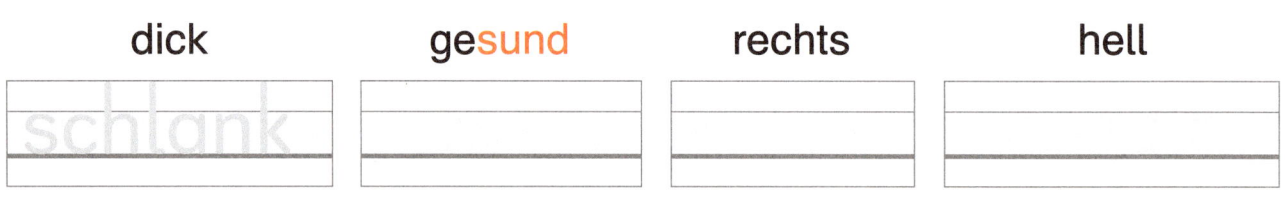

dick	gesund	rechts	hell
schlank			

3 Welches Wort passt wohin?

| denken – denkt | trinken – trinkt |

Alle _____ heißen Tee.

Aber Milo _____ ein Glas Milch.

Die Kinder _____ über ein Rätsel nach.

Nur Olli _____ an Nüsse.

zu FS 88 – 1. *Lautbild Schrank* benennen und Klang des nk am Wortende analysieren – Wörter erlesen – Wort *dunkel* gesondert betrachten und feststellen, dass sich die /nk/-Lautung trotz Silbentrennung nicht ändert – **2.** Adjektive oberhalb der Zeilen erlesen – gegenteilige Begriffe aus Aufgabe 1 herauslesen und jeweils passend unter die vorgegebenen Adjektive in die Zeilen abschreiben (LeMeSchKo) – **3.** Auswahlwörter paarweise erlesen – Lückensätze paarweise erlesen – Auswahlwörter passend in die Lücken abschreiben (LeMeSchKo)

1

In jedem Feld passt ein Wort nicht.

Kreise diese Wörter ein.

Schreibe sie unten in die Zeile ab.

> Ein Anker ist kein Möbelstück.

| Bank | Bett | Schrank | Tisch | (Anker) |

| Onkel | Lenkrad | Enkel | Vater | Schwester |

| Kahn | Tanker | Dank | Segelboot | Floß |

2

Geheimschrift: Löse das Rätsel. Male dazu.

1	2	3	4	5	6	7	8	9	10	11
o	n	r	e	ei	B	nk	A	t	m	i

5	2
ei	

6	1	1	9

10	11	9

5	2	4	10

8	7	4	3

zu FS 88 – 1. Aufgabenstellung, erstes Beispiel und Ollis Sprechblase erlesen und nachvollziehen – analog dazu in den beiden Wörterkästen darunter das jeweils nicht passende Wort einkreisen (Lösungen: *Lenkrad, Dank*) – *optional:* mündlich begründen, warum diese Wörter nicht in den jeweiligen Kasten passen
2. **Einführung „Geheimschrift":** Zuordnung von Ziffern zu Buchstaben (Graphemen) anhand einiger Beispiele erörtern – Buchstaben analog zum „Zahlen-Code" in die leeren Felder eintragen – entstehendes Satzfragment erlesen (Lösung: *ein Boot mit einem Anker*) – Abbildung rechts nach Textvorgabe ergänzen

ng   ng   ng   ng   ng   ng

ng   ng

eng   eng

lang   lang

Junge   Junge

fangen   fangen

Was gehört
zu**sam**men?

| er springt | er bringt | er singt |

singen

er s

springen

er sp

bringen

er b

zu FS 89 – oben graue ng einmal nachspuren – Feld mit weiteren ng füllen
Mitte alle grauen Vorgaben nachspuren und Restzeilen entsprechend füllen
unten Verbformen (3. Person Singular) im Kasten erlesen – Infinitivformen der Verben erlesen – jeweils passende Personalform darunterschreiben

ng

 Ring

1 Kreise alle ng ein.

Sprich die Wörter.

jung	eng	langweilig	lang

2 Schreibe immer das Gegenteil auf.

Schaue in Aufgabe 1 nach.

breit	alt	kurz	spannend
eng			

3 Welches Wort passt wohin?

singen – singt	springen – springt

Alle Kinder _____ über den Kasten.

Ela _____ besonders hoch.

Alle Schüler _____ ein lustiges Lied.

Olli _____ besonders laut.

zu FS 89 – 1. *Lautbild Ring* benennen und Klang des ng am Wortende analysieren – Wörter erlesen
2. Adjektive oberhalb der Zeilen erlesen – gegenteilige Begriffe aus Aufgabe 1 herauslesen und jeweils passend unter die vorgegebenen Adjektive in die Zeilen abschreiben (LeMeSchKo)
3. Auswahlwörter paarweise erlesen – Lückensätze paarweise erlesen – Auswahlwörter passend in die Lücken abschreiben (LeMeSchKo)

ng

1 Lies auf der Fibelseite 89 nach.

Nummeriere die Aussagen in der richtigen Reihenfolge.

◯ Dann biege ich links in die enge Gasse ab.

◯ Bei Grün schaue ich nach links und rechts.

① Zuerst laufe ich die große Straße entlang.

◯ Vor der Schule ist eine Ampel.

◯ Hier muss ich oft lange warten.

Schreibe den Text nun richtig in dein Heft ab.

2 Bilde die Mehrzahl.

Einzahl	Mehrzahl
die Gartenbank	die Gar
der Schmetterling	
die Zeitung	

die Gartenbänke   die Schmetterlinge   die Zeitungen

zu FS 89 – 1. Fibelseite 89 aufschlagen – unteren Textteil der Fibelseite und Aussagen der Aufgabe 1 nach und nach erlesen – Reihenfolge der Sätze im
Fibeltext ermitteln und Sätze im Arbeitsheft entsprechend nummerieren (2.–5.–1.–3.–4.) – Sätze in der richtigen Reihenfolge ins Heft abschreiben (LeMeSchKo)
2. lange Wörter in der Einzahl erlesen – passende Mehrzahlwörter ermitteln und danebenschreiben (Lösungen in Ollis grünem Kasten)

 Fuchs

chs   chs   chs   chs   chs

chs   chs

6   sechs   sechs

Fuchs   Fuchs

Dachs   Dachs

wachsen   wachsen

Bilde Sätze.

| ein Fisch. | ist | Der Lachs |

| sind | aus Wachs. | Die Kerzen |

zu FS 92 – oben graue chs einmal nachspuren – Feld mit weiteren chs füllen
Mitte alle grauen Vorgaben nachspuren und Restzeilen entsprechend füllen
unten Satzfragmente oberhalb der Schreibzeilen erlesen – jeweils einen sinnvollen Satz daraus bilden und aufschreiben

chs

Fuchs

1 Kreise alle chs ein. Ordne zu.

Fuchs	Dachs	Ochse	Eidechse

2 Setze die Wörter passend ein.

Dachs	Wachs	sechs	Fuchs	Lachs

Der _____ ist ein Fisch.

Kerzen werden aus _____ gemacht.

Der _____ hat ein schwarz-weißes Fell.

Der Hase rennt vor dem _____ davon.

Annas Würfel zeigt _____ Punkte.

3 Schreibe die Sätze aus Aufgabe 2 ins Heft ab.

zu FS 92 – **1.** *Lautbild Fuchs* benennen und Klang des chs am Wortende analysieren – Tiernamen im Kasten erlesen und durch Abschreiben den passenden Abbildungen zuordnen
2. Auswahlwörter und Lückensätze erlesen – Lückensätze mit den passenden Wörtern ergänzen (LeMeSchKo) – benutzte Wörter im Kasten ausstreichen
3. vollständige Sätze aus Aufgabe 2 ins Heft abschreiben (LeMeSchKo)

chs

1 Ordne nach Verben und Nomen. 🛟

> Verben sagen, was jemand tut.

| wachsen | Ochse | Achse |
| verwechseln | Dachsbau | wechseln |

Verben	Nomen

2 Was könnte man in einem Technikmuseum sehen? Kreuze an.

- ⃝ Autos von früher und heute
- ⃝ das Modell einer Rakete
- ⃝ Skelette von Dinosauriern
- ⃝ verschiedene Computer
- ⃝ Kunstwerke von berühmten Malern
- ⃝ Wachsfiguren von berühmten Menschen

3 Es gibt für fast alles ein Museum. Welches Museum möchtest du gerne einmal besuchen?

> Spielzeugmuseum
> Kunstmuseum
> Schokoladen…

zu FS 92 – 1. Wörter aus dem Kasten erlesen und nach Verben und Nomen sortiert in die Tabelle abschreiben
2. Partnerarbeit: Frage und Auswahlantworten erlesen – sich darüber austauschen, was tatsächlich in einem Technikmuseum zu sehen sein könnte und was nicht (1., 2., 4.) – eigene Annahmen begründen
3. Frage schriftlich (im Heft) beantworten – optional: lustige Museumsnamen erfinden (z. B. Elefantenmuseum – Witzemuseum – Bleistiftmuseum – …)

Y y

Yacht   Pyramide   Baby

Okay!
Und das hier sind
schwierige Wörter.

Pyramide   Zylinder   Teddy

zu FS 93 – **oben** *Lautbilder Yacht, Pyramide und Baby* benennen (ggf. Begriffe klären) und die unterschiedlichen Lautungen des Y/y
herausarbeiten – weiße Y und y mit mehreren Farben nachspuren – graue Y und y einmal nachspuren – Felder mit weiteren Y bzw. y
füllen – Schreibansatzpunkte und Richtungspfeile hier besonders beachten! – **Mitte** alle grauen Vorgaben nachspuren und Restzeilen
entsprechend füllen – **unten** vorgegebene Begriffe erlesen (ggf. klären) und den Abbildungen durch Abschreiben zuordnen

Y y

 Yacht    Pyramide    Baby

1 Wie klingt das Y y? Ordne zu.

Pyramide	Baby	Pony	Yacht	Teddy	Zylinder

Y y klingt wie i

Y y klingt wie ü

Y y klingt wie j

Schreibe hier alle Buchstaben groß.

2 Löse das Rätsel. →↓

Finde das Lösungswort.

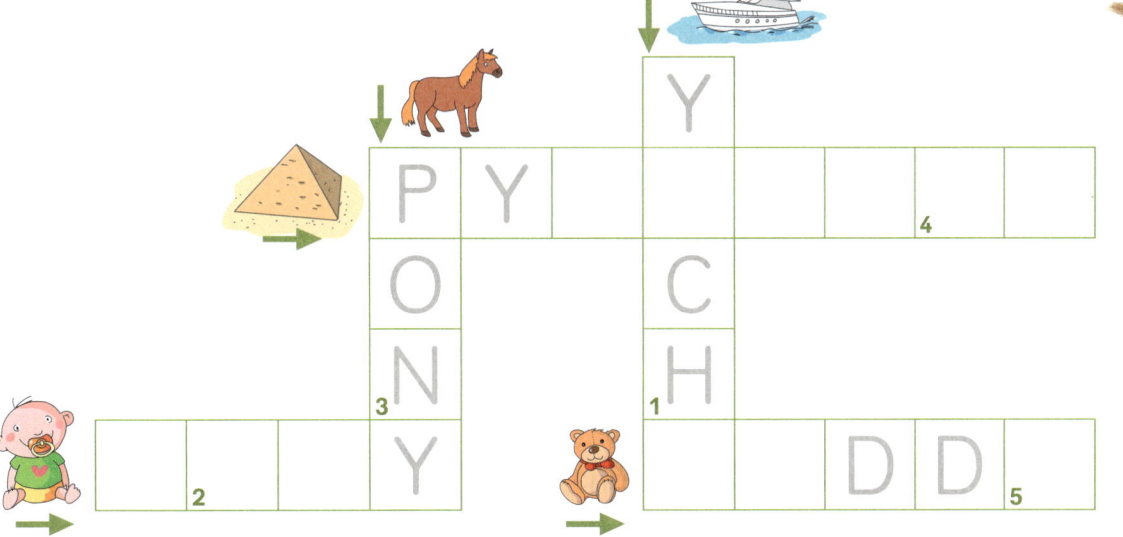

Lösungswort: H | 1 | 2 | 3 | 4 | 5 |

Lösungswort: HANDY

zu FS 93 – 1. *Lautbilder Yacht, Pyramide und Baby* benennen und deren Y/y-Lautungen wiederholen – Y/y-Wörter erlesen und nach der jeweiligen Y/y-Lautung abhören (wie /i/, wie /ü/ oder wie /j/) – Wörter durch Abschreiben in die passende Zeile der passenden Y/y-Lautung zuordnen – **2. Einführung „Kreuzworträtsel":** Vermutungen zu Lösungswegen äußern – Großschreibung und Schreibausrichtung thematisieren – abgebildete Begriffe benennen – Begriffe in Großbuchstaben nachspuren bzw. passend eintragen – Lösungswort anhand der Ziffern ermitteln und eintragen (Lösungswort: *Handy* – im grünen Kasten obere Hälfte lesbar)

67

Y y

1 Manche Wörter kommen aus anderen Sprachen.
Diese Wörter sprechen wir oft anders aus, als wir sie schreiben.

Ich mach mit!

der Computer — sprich: Kompjuter

das Handy — sprich: Händi

das Camping — sprich: Kämping

das Baby — sprich: Bebi

die Pyramide — sprich: Püramide

Suche dir mit einem Partnerkind ein Wort aus.
Schreibt gemeinsam auf, was es bedeutet.
Ihr könnt eure Erklärung der Klasse vorlesen.

---

2 Eine Welt ohne Autos können wir uns nicht mehr vorstellen.
Das Autofahren hat Vorteile  und Nachteile ⬤. Markiere:

○ Mit dem Auto komme ich schnell an andere Orte.

○ Autos kosten viel Geld.

○ Viele Autos verschmutzen die Luft.

○ Autofahren macht Spaß.

○ Mit dem Auto kann ich schwere Dinge transportieren.

○ Autofahren kann gefährlich sein.

Mit welchen Fahrzeugen fährst du noch gerne?

zu FS 93 – **1.** Partnerarbeit: Eingangstext erlesen – Fremdwörter mit den Aussprachehilfen von Ollis Sprechblasen
abwechselnd und wiederholend erlesen – freies Schreiben nach Aufgabenstellung
2. Partnerarbeit: Aufgabenstellung/Begriffe *Vorteile/Nachteile* klären – Aussagen erlesen, Vor- und Nachteile entsprechend
farbig markieren – freies Schreiben zur Frage

Äu äu

 Mäuse

Äu

äu

Äu

Äu

äu

Äu äu   Äu äu

Läufer   Läufer

Mäuse   Mäuse

träumen   träumen

häufig   häufig

die Zäune   die Häuser   die Bäume

Einzahl   **Mehrzahl**

das Haus   ➜   die

der Baum   ➜

der Zaun   ➜

zu FS 94 – **oben** graue Äu und äu einmal nachspuren – Feld mit weiteren Äu und äu füllen
Mitte alle grauen Vorgaben nachspuren und Restzeilen entsprechend füllen
unten Mehrzahlformen im Kasten erlesen – Einzahlformen in der linken Spalte erlesen und nachspuren –
Mehrzahlformen durch Abschreiben der passenden Einzahlform zuordnen

69

Äu äu

1 Kreise zuerst alle Äu und äu ein.

Prüfe auf Fibelseite 94. Was ist richtig? Kreuze an.

○ Milo fährt mit dem Rollstuhl durch zwei Räume.

○ Hörgeräte helfen Äuglein, besser zu sehen.

○ Häufig bleibt Milo mit dem Rollstuhl hängen.

○ Olli tippt auf das Symbol „Mäuse".

○ Auf einer Säule steht: Technik hilft Läusen.

---

2 Bilde immer die Mehrzahl.

der Strauch → die Sträucher

das Haus → die

der Zaun →

die Laus →

---

3 Schreibe eine kleine Geschichte mit diesen Wörtern.

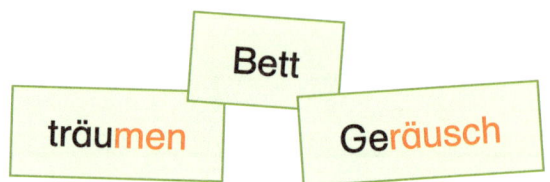

Bett

träumen

Geräusch

zu FS 94 – 1. Sätze erlesen und alle Äu und äu rot einkreisen – Fibelseite 94 aufschlagen – Sätze der Aufgabe nach und nach erlesen und jeweils mit den Aussagen des Fibeltextes abgleichen – alle Aussagen ankreuzen, die sich mit den Fibeltext-Inhalten decken (1., 3.)
2. Einzahlbegriffe erlesen und nachspuren – jeweiligen Mehrzahlbegriff mit Artikel danebenschreiben
3. freies Schreiben nach Aufgabenstellung

1

Sieh dir die Endungen an.   Nun bist du dran:

spielen	träumen
ich spiele	ich
du spielst	du
er spielt	er
wir spielen	wir

2

Lena ist sechs Jahre alt
und geht in die 1. Klasse.

Lena fällt es schwer, zu sprechen.
Ihre Worte sind häufig nicht zu verstehen.
Deshalb benutzt sie einen Sprachcomputer.
Damit kann Lena alles sagen, was sie will.
Lena drückt verschiedene Tasten.
Was könnte der Sprachcomputer sagen?

Ich habe Durst!

zu FS 94 – 1. Personalformen des Verbs *spielen* erlesen und die unterschiedlichen Endungen wahrnehmen –
analog dazu die entsprechenden Personalformen zum Verb *träumen* ableiten und aufschreiben
2. Text erlesen und Abbildung dazu betrachten – weitere Tastensymbole auf der Abbildung benennen –
zu den Tastensymbolen vor den Schreibzeilen eine passende Aussage verschriften

Qu qu

Qu Qu

Qu Qu

Qu

Qu

Quadrat   Quadrat

Qualm   Qualm

Qualle   Qualle

Ordne jeden Satz einem Bild zu.

Die Kinder spielen Quartett.

Der Quark schmeckt lecker.

Der Affe macht Quatsch.

zu FS 95 – oben weißes Qu mit mehreren Farben nachspuren – graue Qu einmal nachspuren – Feld mit weiteren Qu füllen – Schreibansatzpunkte und Richtungspfeile beachten
Mitte alle grauen Vorgaben nachspuren und Restzeilen entsprechend füllen
unten Sätze erlesen – abgebildete Begriffe vor den Zeilen benennen und die Sätze durch Abschreiben richtig zuordnen

qu qu qu

qu · · · · · qu

Qu qu   Qu qu

quer   quer

quaken   quaken

bequem   bequem

quaken   qualmen   quasseln   quieken

Im Aquarium quatschen Quallen.

zu FS 95 – oben weißes qu mit mehreren Farben nachspuren – graue qu einmal nachspuren – Feld mit weiteren qu füllen – Schreibansatzpunkte und Richtungspfeile beachten – **Mitte** alle grauen Vorgaben nachspuren und Restzeilen entsprechend füllen – **unten** Verben erlesen – abgebildete Begriffe vor den Zeilen benennen und die Verben durch Abschreiben richtig zuordnen – Satz im Kasten erlesen und ins Heft abschreiben

73

Qu qu

1 Würfelt einmal für  … … und einmal für 🎲.

⚀ Das Quadrat	⚀ quietscht laut.
⚁ Die Verkäuferin	⚁ qualmt.
⚂ Das Quiz	⚂ ist quadratisch.
⚃ Das Aquarium	⚃ frisst Erdbeerquark.
⚄ Das Quartett	⚄ quasselt Unsinn.
⚅ Die Qualle	⚅ schmeckt lecker.

✎ Schreibe Sätze ins Heft ab, die ihr gewürfelt habt.

---

2 Welches Wort passt wohin?

quieken   quasseln   quaken   qualmen

Feuer können _____ .

Frösche sitzen am Teich und _____ .

Papageien _____ viel Unsinn.

Schweine _____ im Stall.

zu FS 95 – 1. Partnerspiel (beliebig oft zu wiederholen): erstes Kind erwürfelt Satzanfang aus dem linken Kasten, zweites Kind erwürfelt Satzergänzung – Erlesen des vollständigen Satzes – erwürfelte Sätze ins Heft abschreiben (LeMeSchKo)
2. Auswahlwörter und Lückensätze erlesen – Lückensätze mit den passenden Wörtern ergänzen (LeMeSchKo) – benutzte Wörter im Kasten ausstreichen

Qu qu

1 Verbinde die passenden Wörter. Schreibe dann richtige Sätze auf.

bellen	der Löwe
quieken	der Frosch
brüllen	der Hund
quaken	das Schwein

Denke daran:
Jeder Satz beginnt mit
einem großen Buchstaben.

Denke daran:
Jeder Aussagesatz endet
mit einem Punkt.

Der Hund bellt.

2 Suche dir ein Wort aus und erkläre es.

Quark wird aus Milch gemacht.
Mit Obst oder im Kuchen
schmeckt er sehr gut.

Qualle	Aquarium	Quiz

zu FS 95 – 1. Infinitive der Verben und Tiernamen mit Artikel erlesen – Ollis Sprechblasen erlesen und erstes Lösungsbeispiel nachspuren –
analog zum Beispiel die weiteren Sätze aufschreiben – auf Großschreibung am Satzanfang und auf die Satzschlusszeichen achten
2. freies Schreiben nach Aufgabenstellung – (Lösungsbeispiel: in Elas Sprechblase)

75

X x

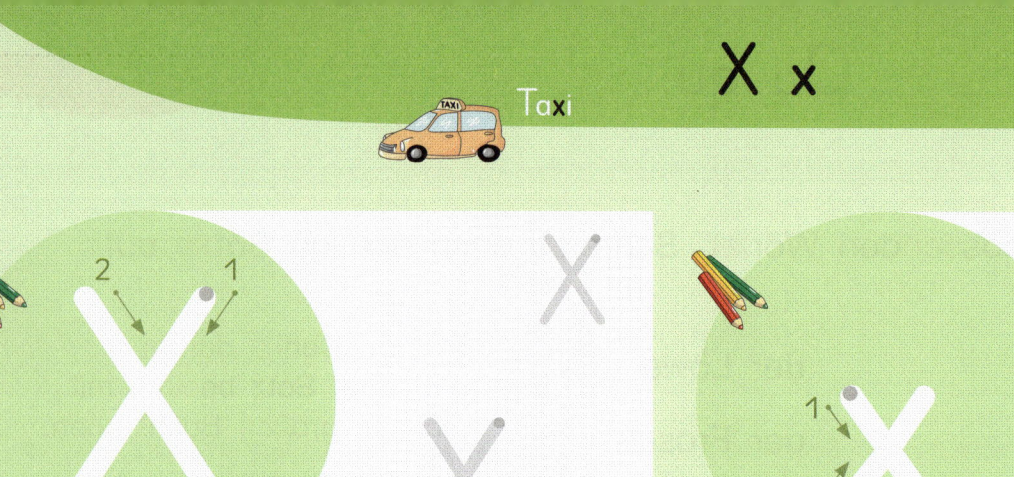

Taxi

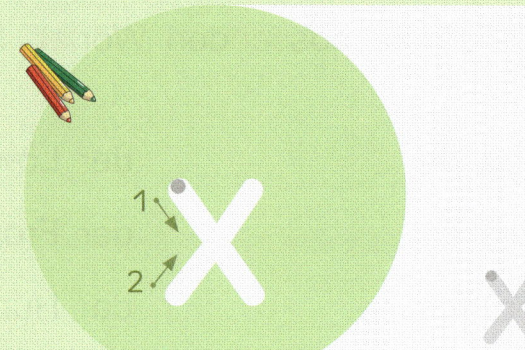

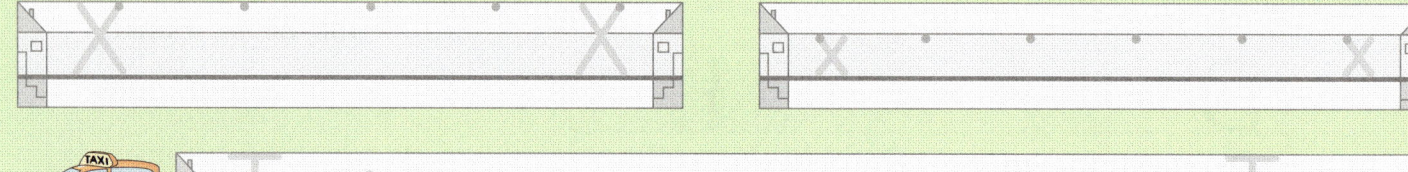

Taxi

Text

Xylofon

extra

mixen

Die Hexe **Xe**ni**a mi**xt fi**x ei**nen **Ni**xen**quark.**

zu FS 96/97 – oben weiße X und x mit mehreren Farben nachspuren – graue X und x einmal nachspuren –
Felder mit weiteren X bzw. x füllen – unterschiedliche Schreibansatzpunkte und Richtungspfeile hier besonders beachten!
Mitte alle grauen Vorgaben nachspuren und Restzeilen entsprechend füllen
unten Zungenbrecher erlesen und in die Zeilen abschreiben

X x

 Taxi

1 Ergänze die Einladung.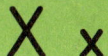

Hexe	Fest	mixen	Eltern	Text	Nixensaft

Liebe _____ ,

Am 10. Juli feiern wir am Bootshaus ein _____ .

Wir spielen ein Rollenspiel mit der _____ Trixi.

Wir grillen extralange Bratwürste.

Dazu _____ wir Getränke und _____ .

---

2 Setze die richtigen Satzzeichen ein: . oder ! oder ? .
Schreibe nur den Fragesatz ab.

> Wer spielt auf dem Xylofon _
>
> Das Instrument Xun klingt sehr schön _
>
> Vorsicht, das Saxofon fällt um _

_____

zu FS 96/97 – 1. Auswahlwörter und Lückensätze erlesen – Lückensätze mit den passenden Wörtern
ergänzen (LeMeSchKo) – benutzte Wörter im Kasten ausstreichen (ein Wort bleibt übrig: *Text*)
2. Sätze erlesen und mit dem passenden Satzschlusszeichen ergänzen – Fragesatz in die Zeile abschreiben (LeMeSchKo)

77

X x

Schreibe den Satzanfang groß.

1 Schreibe richtige Sätze auf. Womit endet jeder Satz?

| Xenia | mit dem Taxi | fährt |

_____

| liest | lange Texte | Max |

_____

| ein Buch | das Lexikon | ist |

_____

---

2 Ein Rollenspiel: Hexe Xana lernt hexen

Mama: „Xana, heute lernst du hexen!"

Xana: „Na, endlich! Darauf freue ich mich schon lange!"

Mama: „Pass gut auf: Hokuspokus, eins, zwei, drei,
        Hexenhut, komm schnell herbei!"

Xana: „Okay: Pokushokus, eins, zwei, drei,
        Socke flieg fort, Hut komm herbei!"

Mama: „So klappt das aber nicht!"

Xana: „Verflixt! Was mache ich denn falsch?"

Wie könnte diese Hexengeschichte weitergehen?

zu FS 96/97 – 1. Satzfragmente oberhalb der Schreibzeilen erlesen – jeweils einen sinnvollen Satz (Aussage oder Frage) daraus bilden und aufschreiben – auf die Großschreibung am Satzanfang und auf die Satzschlusszeichen achten
2. Partnerlesen: Text mit verteilten Rollen erlesen – gemeinsam den Dialog fortführen – Fortführung des Dialoges ins Heft schreiben

Unser Lomi hat uns überall hingebracht.

1 Mila, Milo und Olli haben gemeinsam viel erlebt.

Könnt ihr erraten, wovon sie erzählen?

Ihr könnt auch in der Fibel nachschauen.

Verflixt nochmal! Plötzlich waren wir ganz klein.

Alle Tiere waren riesig, sogar die Bienen!

Zum Glück hat uns Milos Hund Fiete gefunden.

Wir waren unter dem

Könnt ihr euch noch an Biepe und Raune erinnern?

Dort waren wir in einer ganz anderen Welt.

Es gab fliegende Häuser und Lehrer, die mit seltsamen

Zeichen rechneten.

Wir waren in der

Einmal landeten wir sogar in einer komischen Höhle.

Am Anfang dachten wir, es sei gefährlich.

Doch plötzlich tauchte Nicki Süß auf. Sie erklärte uns,

wo wir waren. Dann hatten wir Spaß beim Klettern und

Hüpfen.

Wir waren in einer

Lösungen: Mundhöhle Küchenschrank Zukunft

1. Klassengespräch: gemeinsam die Fibelgeschichten Revue passieren lassen – sich darüber austauschen, welches Abenteuer von Olli und den Fibelkindern am besten gefallen hat – Textabschnitte einzeln erlesen und über den jeweiligen Ort des gemeinten Geschehens spekulieren – Lösungen in die Zeilen schreiben (Lösungen im grünen Kasten unten)

Inhaltsverzeichnis

Deutsch mit Olli 1

Fibel
Arbeitsheft
BASIS|PLUS
mit Druckschrift-Lehrgang
Teil A

erarbeitet von
Silke Bergmann
Diana Feldmeier
Sabine Pfitzner-Kierzek
Kati Steinecke
Gabriele Stoll
Stefanie Stroh
Anja Tiedje
Annett Zilger

mit Illustrationen von
Manuela Ostadal
Petra Eimer (Papageien)

 Deine interaktiven Gratis-Übungen findest du hier:

1. Gehe auf scook.de.
2. Gib den unten stehenden Zugangscode in die Box ein.
3. Hab viel Spaß mit deinen Gratis-Übungen.

Dein Zugangscode auf
www.scook.de | aanh6-ycsu4

Cornelsen

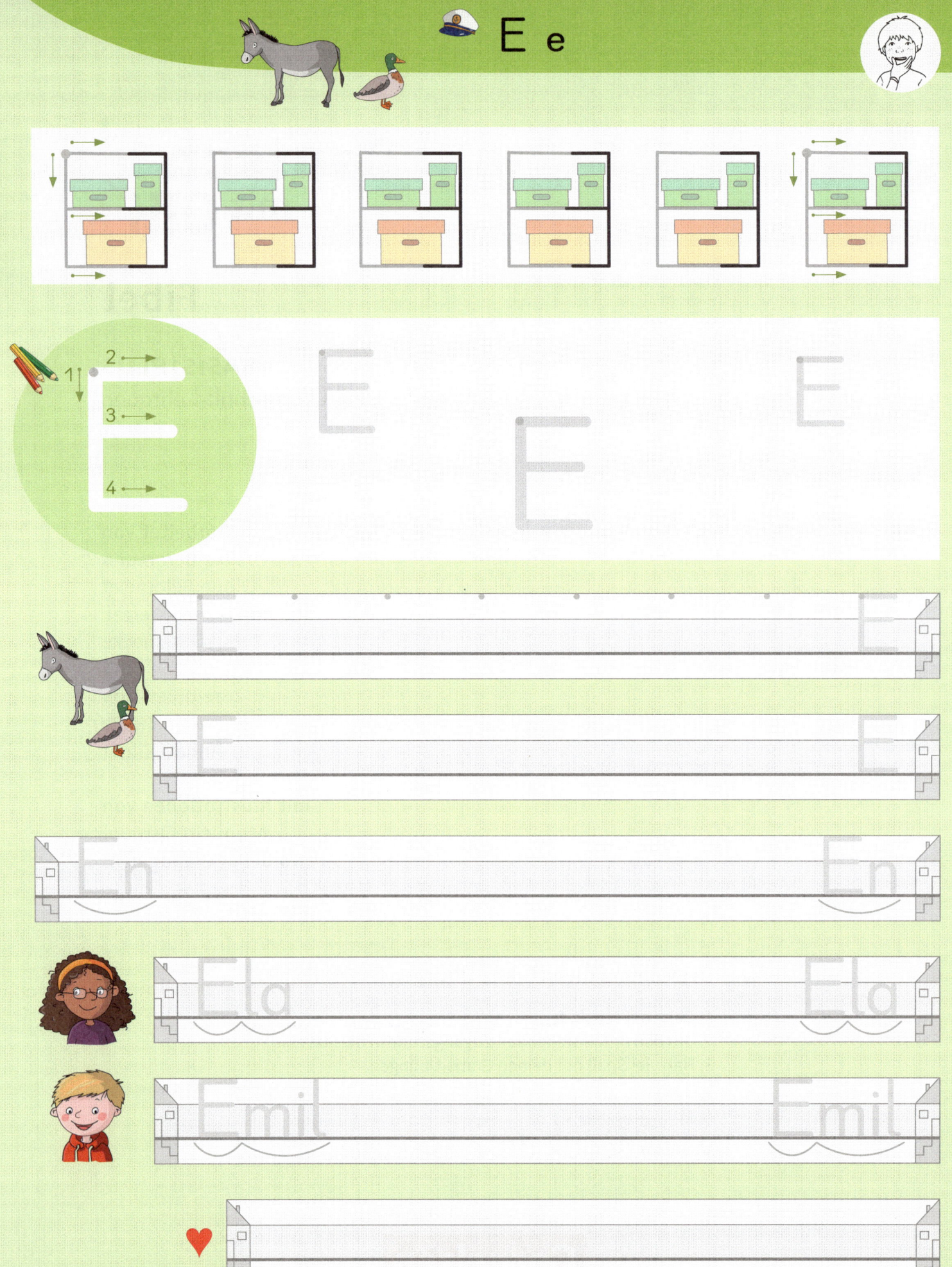

E e

zu FS 24/25 – **oben** Formübung E: graue Regallinien wie vorgegeben nachspuren bzw. ergänzen – weißes E mit mehreren
Farben nachspuren – graue E einmal nachspuren – Feld mit weiteren E füllen – Schreibansatzpunkte und Richtungspfeile beachten
Mitte alle grauen Vorgaben nachspuren und Restzeilen entsprechend füllen
unten optional: Lieblingsbuchstaben/-wörter aufschreiben

e   e   e

e

e

e

E e   E e

es   es

lesen   lesen

Tee   Tee

Alle malen Esel.   Alle malen Enten.

zu FS 24/25 – oben Formübung e: graue Sonnenlinien wie vorgegeben nachspuren bzw. ergänzen – weißes e mit mehreren Farben nachspuren – graue e einmal nachspuren – Feld mit weiteren e füllen – Schreibansatzpunkt und Richtungspfeile beachten
Mitte alle grauen Vorgaben nachspuren und Restzeilen entsprechend füllen
unten *optional*: Sätze auf Ollis Zetteln erlesen und ins Heft abschreiben (auf richtige Positionierung innerhalb der Lineatur achten)

E e

1

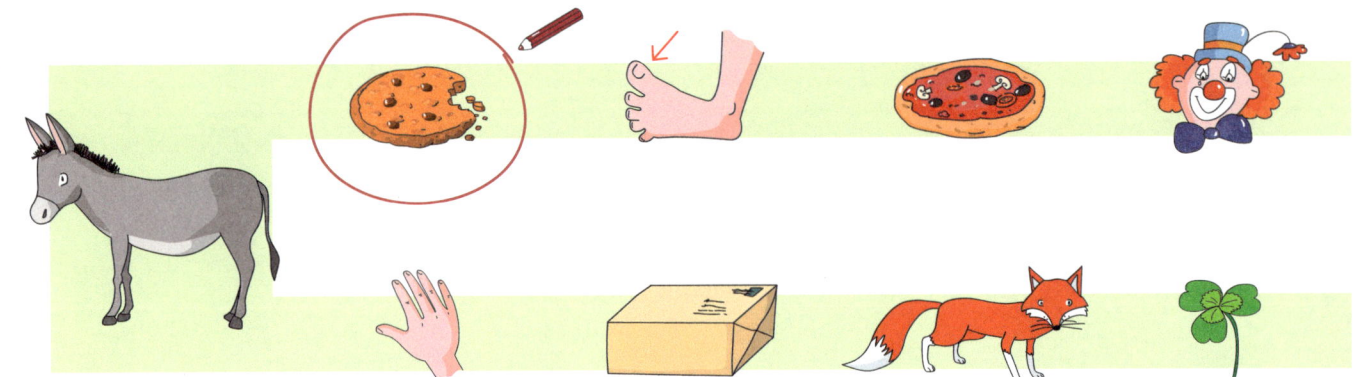

2

See

Mee

Tee

Li**ne**la

Li**ne**al

Ni**le**na

Sa**l**ima

Mi**sa**li

Sa**la**mi

3

E**mil** malt.   ⊗

E**mil** malt Sa**la**mi.   ◯

E**mil** malt O**ma** Al**ma**.   ◯

E**mil** malt mit E**la**.   ◯

zu FS 24/25 – 1. *Lautbild Esel* und abgebildete Begriffe benennen – Begriffe nach dem *langen* /e/-Laut abhören und (rot) einkreisen, wenn er im Wort klingt
2. Abbildungen benennen und Auswahlwörter dazu erlesen (Unsinnswörter ggf. thematisieren) – Abbildungen mit dem jeweils richtigen Wort verbinden
3. Sätze erlesen – Bild betrachten – zum Bild passende Sätze ankreuzen (Ankreuzen einführen!)

4

 a e

sammeln   messen   malen   essen

sammeln

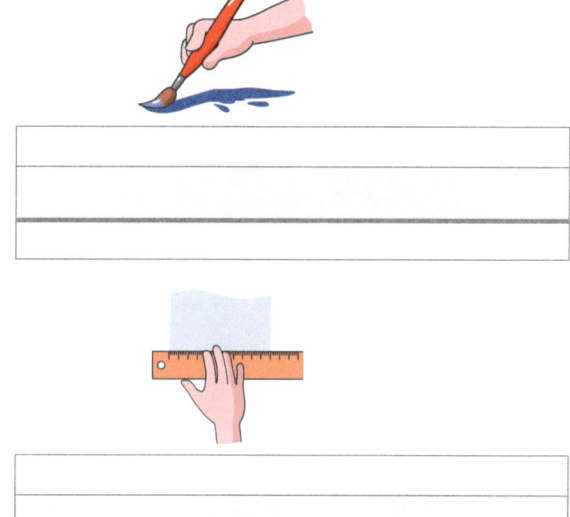

5

Alle malen mit

| Tinte. | ⊗  |
| Tomaten. | ◯ |

Alle essen

| Nasen. | ◯ |
| Salat. | ◯ |

Milo sammelt tolle

| Namen. | ◯ |
| Sonnen. | ◯ |

Tante Anne ist

| nass. | ◯ |
| nett. | ◯ |

zu FS 24/25 – 4. *Lautbild Ente* benennen und kurzen /e/-Laut abhören – „Kapitäne" a und e wiederholen – Wörter (Verben) im Kasten erlesen, den passenden Abbildungen zuordnen und in die Lineatur darunter richtig abschreiben – Silben sprechschwingen, Silbenkapitäne rot einkreisen und Silbenbögen setzen
5. Sätze und Auswahlergänzungen erlesen – jeweils richtige Satzergänzung ankreuzen

5

6

| ne | te | ne | te | ne | te |

🌲 Tanne

📄 Mila Milo Olli Ela Emil → Lis

🛢 Ton

⌨ T → Tas

☀ Son

🖊 → Tin

7

| Insel | Esel | Ente |

1. 2. 3. 4.

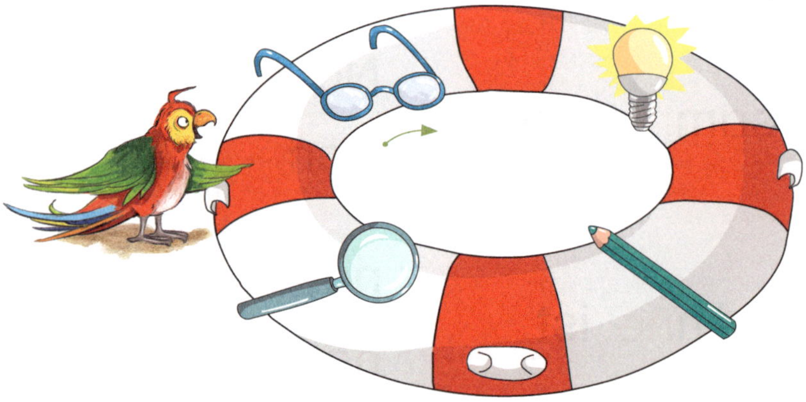

🏝 Insel

🫏

🦆

zu FS 24/25 – 6. Einzelsilben im Kasten erlesen – abgebildete Begriffe benennen – Anfangssilbe zu jedem Begriff erlesen, nachspuren und mit einer passenden Endsilbe aus dem Kasten ergänzen (genutzte Endsilbe im Kasten ausstreichen) – Silben sprechschwingen, Silbenkapitäne rot einkreisen und Silbenbögen setzen
7. Einführung Abschreibtechnik „LeMeSchKo": Wörter im Kasten erlesen und zu den passenden Abbildungen schreiben – Abschreibregeln/-schritte und Symbole dazu kennenlernen: 1. **Le**sen (Brille) → 2. **Me**rken (Glühlampe) → 3. **Sch**reiben (Stift) → 4. **Ko**ntrollieren/**Ko**rrigieren (Lupe) = **LeMeSchKo** (Rettungsring)

1

Ela ist mit Emil im Boot.

Male das Boot rot an.

Wo ist Olli?

Male Olli an.

Male 2 Enten ins Wasser.

2

Sessel	Tonne	Tanne	Tante
Sonne	Liste	Insel	Ente

 ne

 te

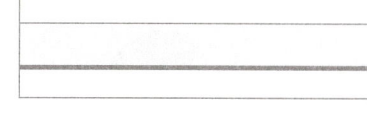 sel

Tonne

Tante

3

Olli ist mit Ente Liane im Nest.

Ela sammelt mit Emil tolle Lineale.

zu FS 24/25 – Kopfbalken: Lauttabellensymbol und Zettel mit nicht eingeführten Buchstaben erläutern (deren Lautwerte mithilfe der Lauttabelle ermitteln)
1. Text Satz für Satz erlesen – Abbildung nach Textvorgabe ergänzen – 2. Begriffe im Kasten erlesen – Endsilben über den Spalten erlesen – Begriffe aus dem
Kasten nach Endsilben sortiert in die Tabelle abschreiben – LeMeSchKo-Symbol wiederholen – LeMeSchKo-Regeln befolgen und Silbenbögen setzen – verwendete
Begriffe im Kasten ausstreichen – 3. Sätze erlesen und ins Heft abschreiben – LeMeSchKo-Regeln befolgen

7

E e

4 Liste mit Essen

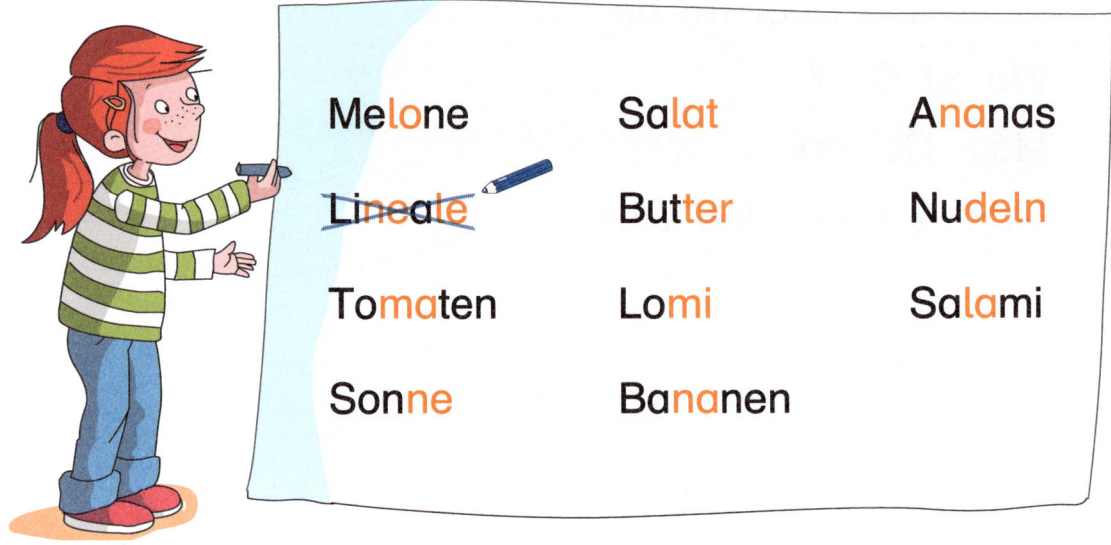

Melone	Salat	Ananas
Lineale	Butter	Nudeln
Tomaten	Lomi	Salami
Sonne	Bananen	

5

Mantel

Mila Milo Olli Ela Emil

6 Sammle Namen mit E oder e.
Male alle Namen toll an.

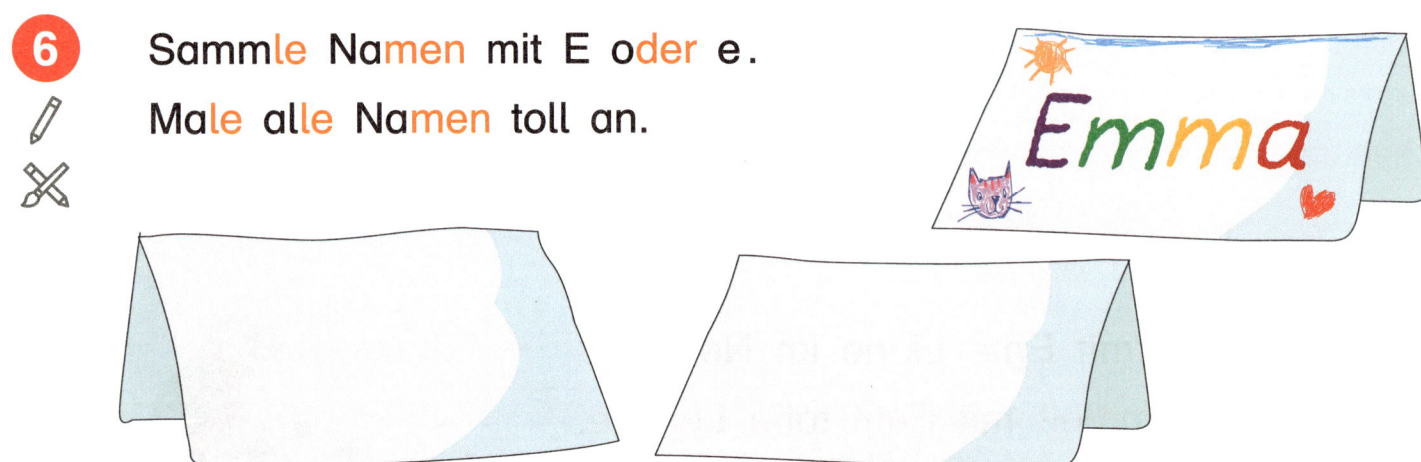

Emma

zu FS 24/25 – Kopfbalken: Lauttabellensymbol und Zettel mit nicht eingeführten Buchstaben wiederholen
4. Überschrift und Begriffe auf Milas Zettel erlesen – nicht essbare Begriffe ermitteln und durchstreichen *(Lineale, Sonne, Lomi)*
5. abgebildete Begriffe benennen, Silben schwingen und frei (oder mithilfe der Lauttabelle) verschriften – Silbenbögen setzen
6. Text erlesen – unbeschriftete Namensschilder mit Namen, die ein E oder e enthalten, beschriften und bemalen

W w

zu FS 26/27 – oben Formübung W: grau konturierte Fledermauszähne wie vorgegeben nachspuren – weißes W mit mehreren Farben nachspuren – graue W einmal nachspuren – Feld mit weiteren W füllen – Schreibansatzpunkt und Richtungspfeile beachten – **Mitte** alle grauen Vorgaben nachspuren und Restzeilen entsprechend füllen – **unten** Fragezeichen benennen (ggf. anhand der Fibeltexte wiederholen) – weißes ? mit mehreren Farben nachspuren – graue ? einmal nachspuren – Feld mit weiteren ? füllen – Schreibansatzpunkt und Richtungspfeil beachten

9

W w

W .... W

W w .... W w

wo .... wo

was .... was

etwas .... etwas

womit .... womit

wollen .... wollen

wissen .... wissen

♥

Was will Olli?

zu FS 26/27 – oben kleines w nachspuren und die Zeile damit füllen – Zeile abwechselnd mit großen W und kleinen w füllen (auf richtige Positionierung innerhalb der Lineatur achten) – **Mitte** alle grauen Vorgaben nachspuren und Restzeilen entsprechend füllen
unten *optional:* Lieblingsbuchstaben/-wörter aufschreiben – *optional:* vorgegebenen Satz erlesen und ins Heft abschreiben (auf richtige Positionierung innerhalb der Lineatur achten)

1

✗			✗					

2

Wal
Wol
Wat

Wenne
Wanne
Nanne

Matto
Witte
Watte

Well
Welt
Melt

3

Milo

MiL_ a

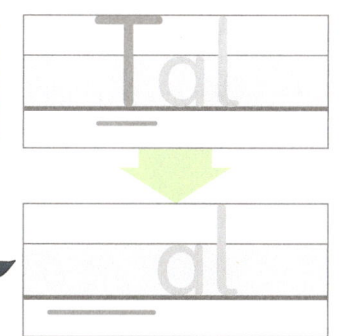

Tal

al

Welle

Wolle

zu FS 26/27 – **1.** *Lautbild Wolle* und abgebildete Begriffe benennen – **Einführung der Unterscheidung zwischen** *Anlaut* **und** *Folgelaut*: Begriffe danach abhören, ob der /w/-Laut am Wortanfang (1. Kästchen ankreuzen) oder später im Wort (2. Kästchen ankreuzen) klingt – **2.** Abbildungen benennen und Auswahlwörter dazu erlesen (Unsinnswörter ggf. thematisieren) – Abbildungen mit dem jeweils richtigen Wort verbinden – **3.** Wdh. der Unterschiede der Kindernamen *Mila – Milo* – Benennung der untereinander abgebildeten Begriffe – heraushören, welcher Laut sich unterscheidet – fehlenden Buchstaben in der Wortlücke ergänzen

4

a e o

Wanne   Welle   Wal   Wolle

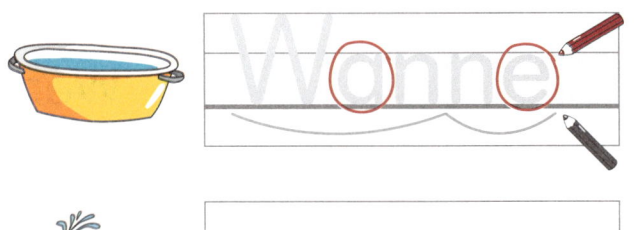

Wanne

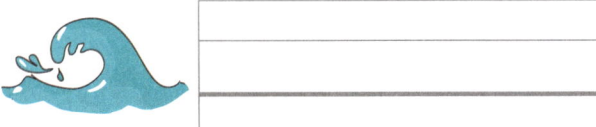

5

Olli ist in Mamas

Wal.	◯
Wolle.	◯

Mila isst Salami mit

Tasten.	◯
Tomaten.	◯

Alle malen mit

Tinte.	◯
Watte.	◯

Alle

12

zu FS 26/27 – 4. „Kapitäne" in Ollis Kasten wiederholen – Wörter im Kasten erlesen und den passenden Abbildungen durch Abschreiben zuordnen – Wörter sprechschwingen, Silbenbögen setzen und „Kapitäne" rot einkreisen
5. Satzanfänge mit Auswahlwörtern am Satzende erlesen – jeweils zum Satz passendes Ergänzungswort ankreuzen – letzten Satz mit passendem Auswahlwort in die Zeile abschreiben – LeMeSchKo-Regeln befolgen und Silbenbögen setzen

1 Was passt?

Wer ist in Papas Pulli?

Womit will Mila malen?

Wo ist Olli oft?

Mit wem will Mila etwas essen?

Mila will mit Pinseln malen.

Mila will mit Olli etwas essen.

Milo ist in Papas Pulli.

Olli ist oft in Mamas Wolle.

2

Win
Wun

ter

Sam
Som

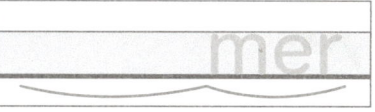
mer

3

Wo ist Olli?

zu FS 26/27 – Kopfbalken: Lauttabellensymbol und Zettel mit nicht eingeführten Buchstaben wiederholen
1. Fragen links und Auswahlantworten rechts erlesen – Fragen mit der jeweils passenden Antwort verbinden
2. Auswahlsilben im Kasten und Endsilbe in der Lineatur erlesen – Begriff nach Abbildungsvorgabe benennen, passende Anfangssilbe in Lineatur ergänzen, Endsilbe nachspuren – 3. Frage erlesen und nach Bildvorgabe eine Antwort frei verschriften

13

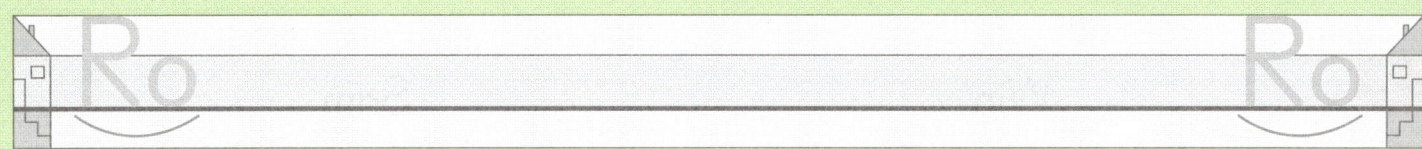

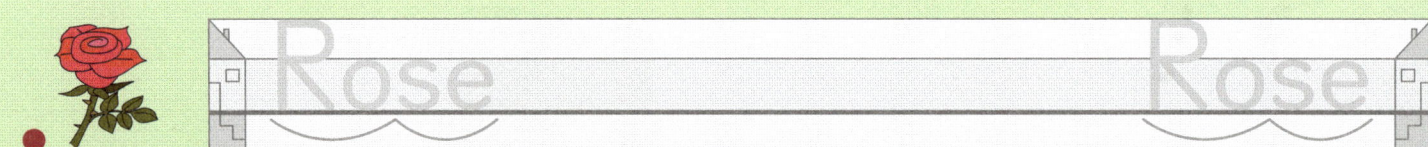

Rose

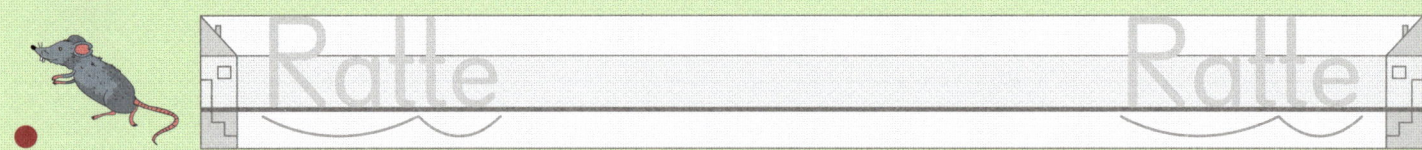

Ratte

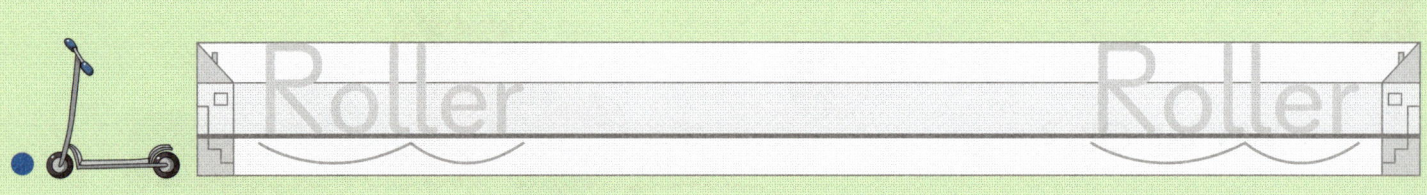

Roller

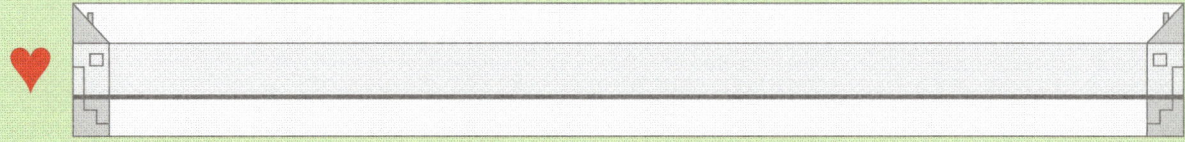

zu FS 28/29 – oben Formübung R: ausgegraute rechte Spielfigur-Kontur nachspuren –
weißes R mit mehreren Farben nachspuren – graue R einmal nachspuren – Feld mit weiteren R füllen – Schreibansatzpunkte und Richtungspfeile beachten
Mitte alle grauen Vorgaben nachspuren und Restzeilen entsprechend füllen
unten *optional*: Lieblingsbuchstaben/-wörter aufschreiben

Rote Roller rollen.

Wartet Olli am Tor?

zu FS 28/29 – oben Formübung r: r-Form innerhalb des n nachspuren – weißes r mit mehreren Farben nachspuren –
graue r einmal nachspuren – Feld mit weiteren r füllen – Schreibansatzpunkt und Richtungspfeile beachten
Mitte alle grauen Vorgaben nachspuren und Restzeilen entsprechend füllen
unten *optional:* vorgegebene Sätze erlesen und ins Heft abschreiben (auf richtige Positionierung innerhalb der Lineatur achten)

15

R r

1

	✗							

2

Rosi
Rose
Rasen

Wolle
Rolle
Roller

Torte
Tante
Tinte

Retter
Messer
Ritter

3

Male rot an.

rote Rose

roter Teller

rotes Messer

zu FS 28/29 – 1. *Lautbild Roller* und abgebildete Begriffe benennen – Unterscheidung zwischen *Anlaut* und *Folgelaut*: Begriffe danach abhören, ob der /r/-Laut am Wortanfang (1. Kästchen ankreuzen) oder später im Wort (2. Kästchen ankreuzen) klingt – **2.** Abbildungen benennen und Auswahlwörter dazu erlesen – Abbildungen mit dem jeweils passenden Wort verbinden – **3. Einführung Lese-Mal-Aufgabe:** Text erlesen und s/w-Abbildung betrachten – Abbildung nach Textvorgabe farbig ergänzen (hier: Rose, Teller und Messer rot anmalen)

4

a e o

ten   ten   ten   nen   nen   len

warten   rennen

ler   ret

ra   rol

5

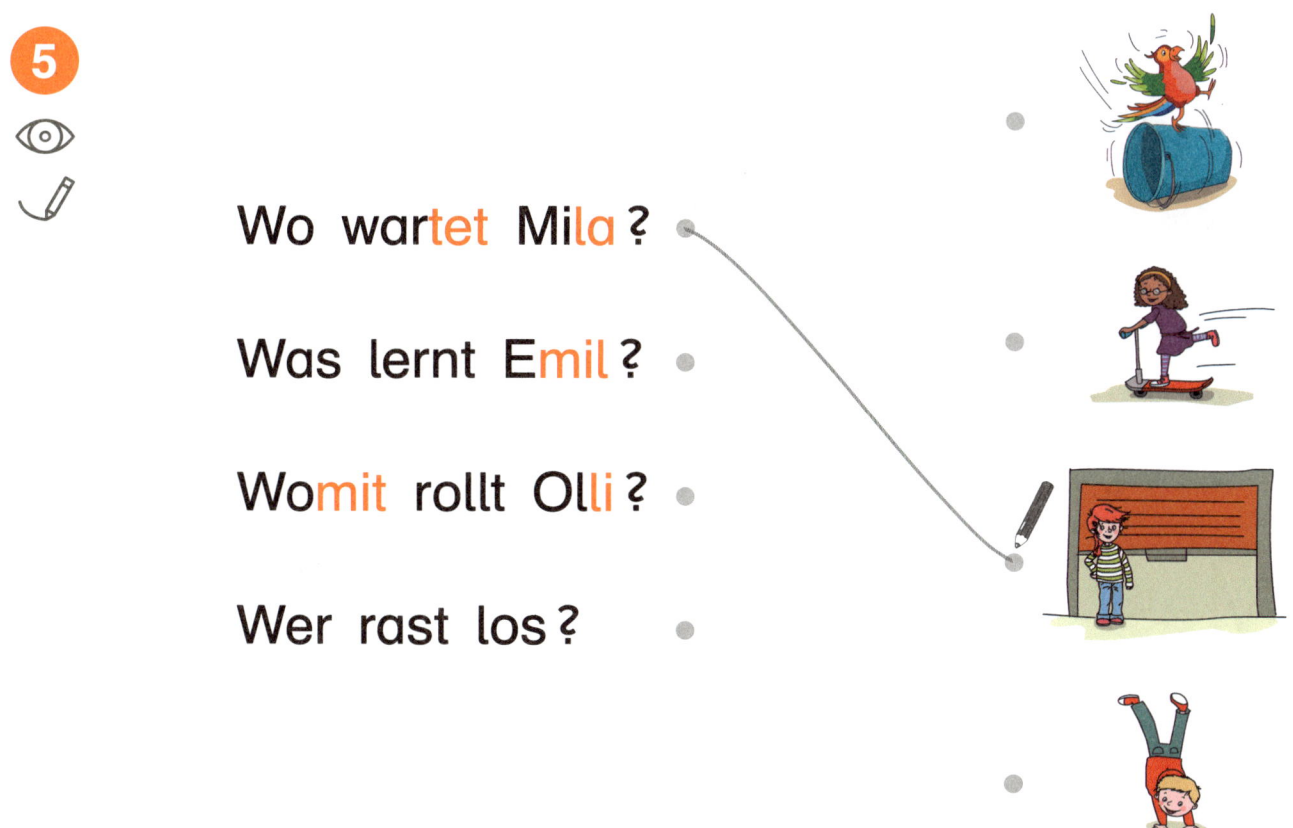

Wo war**tet** Mi**la**?

Was lernt E**mil**?

Wo**mit** rollt Ol**li**?

Wer rast los?

zu FS 28/29 – 4. „Kapitäne" in Ollis Kasten wiederholen – Endsilben im Kasten erlesen – erste Abbildung benennen (Verb *warten*) und Verbindung zur durchgestrichenen Silbe im grünen Kasten erarbeiten. Endsilbe in Lineatur nachspuren – Verb *warten* sprechschwingen, Silbenbögen setzen und „Kapitäne" rot
einkreisen – alle weiteren Verben benennen – Anfangssilben nachspuren, restliche Endsilben aus dem Kasten durch Abschreiben zuordnen und jeweils
entsprechend markieren – **5.** Fragen erlesen und mit der jeweils passenden Abbildung rechts verbinden

17

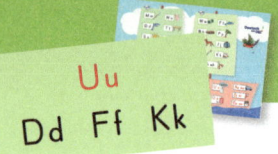

Uu
Dd Ff Kk

1

Emil wartet am ~~Teller~~ Tor.

Olli redet mit Wort Ela.

Ollis Roller ist der tollste Roller der Wal Welt.

Milo rast ruft mit einem roten Roller.

Motoren Kekse rattern seltsam.

Milo

Motoren

2

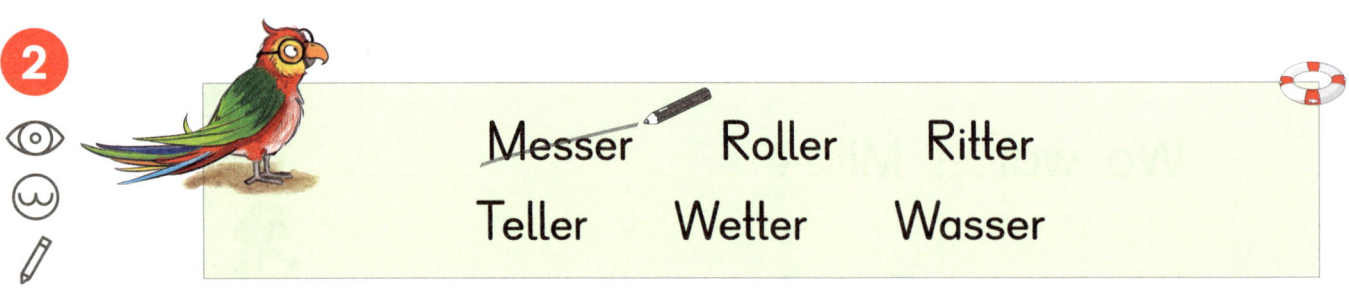

Messer   Roller   Ritter
Teller   Wetter   Wasser

ser	ler	ter
Messer		

zu FS 28/29 – Kopfbalken: Lauttabellensymbol und Zettel mit nicht eingeführten Buchstaben wiederholen
1. Einführung „Stolperwörter": Sätze einzeln erlesen – nicht in den Satz passendes Wort ermitteln und rot durchkreuzen – die letzten beiden Sätze
ohne das jeweilige „Stolperwort" in die Zeilen abschreiben – LeMeSchKo-Regeln befolgen
2. Wörter im Kasten und Endsilben über den Lineaturen erlesen – Wörter nach Endsilben sortiert in die Spalten abschreiben – Silbenbögen setzen

D d

zu FS 30/31 – oben Formübung D: ausgegraute Fischschuppen wie vorgegeben nachspuren und fehlende ergänzen –
weißes D mit mehreren Farben nachspuren – graue D einmal nachspuren – Feld mit weiteren D füllen – Schreibansatzpunkte und Richtungspfeile beachten
Mitte alle grauen Vorgaben nachspuren und Restzeilen entsprechend füllen
unten *optional*: Lieblingsbuchstaben/-wörter aufschreiben

19

D d

d   d   d

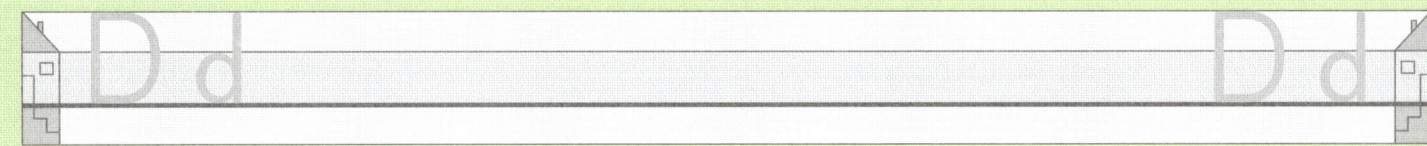

d   d

D d   D d

das   das

reden   reden

werden   werden

Erde Ende Radio

der da dort damit dann

zu FS 30/31 – oben Formübung d: Ankerbereich innen wie vorgegeben nachzeichnen – weißes d mit mehreren Farben nachspuren –
graue d einmal nachspuren – Feld mit weiteren d füllen – Schreibansatzpunkt und Richtungspfeile beachten
Mitte alle grauen Vorgaben nachspuren und Restzeilen entsprechend füllen
unten *optional*: vorgegebene Wörter erlesen und ins Heft abschreiben (auf richtige Positionierung innerhalb der Lineatur achten)

1

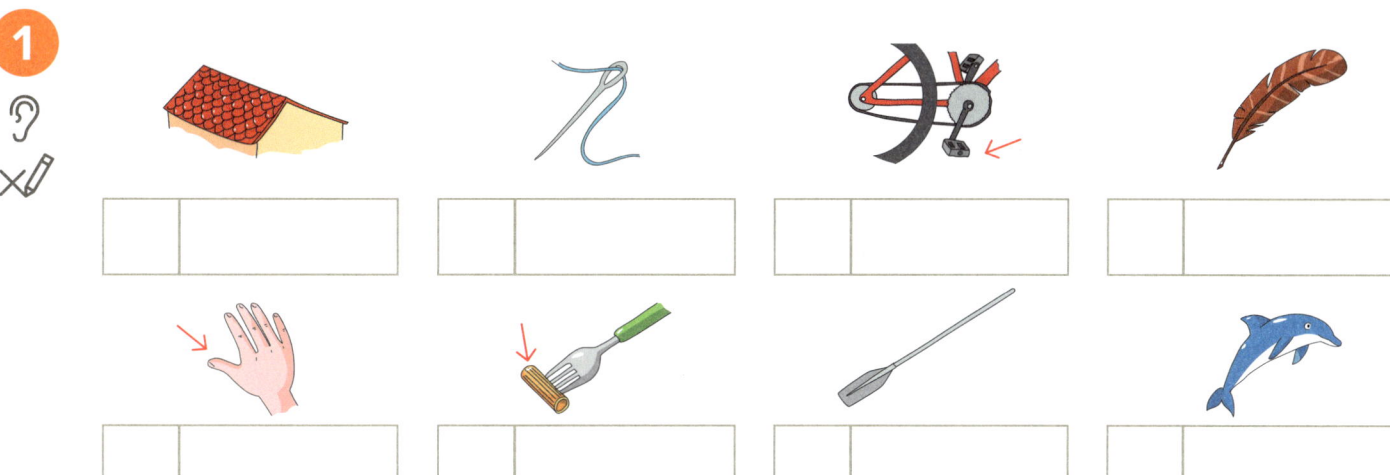

2

Mama isst

| Erde. | ○ |
| Datteln. | ○ |

Olli landet im

| Mond. | ○ |
| Sand. | ○ |

Milo rast mit dem

| Roller. | ○ |
| Radio. | ○ |

In der Erde sind

| Damen. | ○ |
| Samen. | ○ |

3

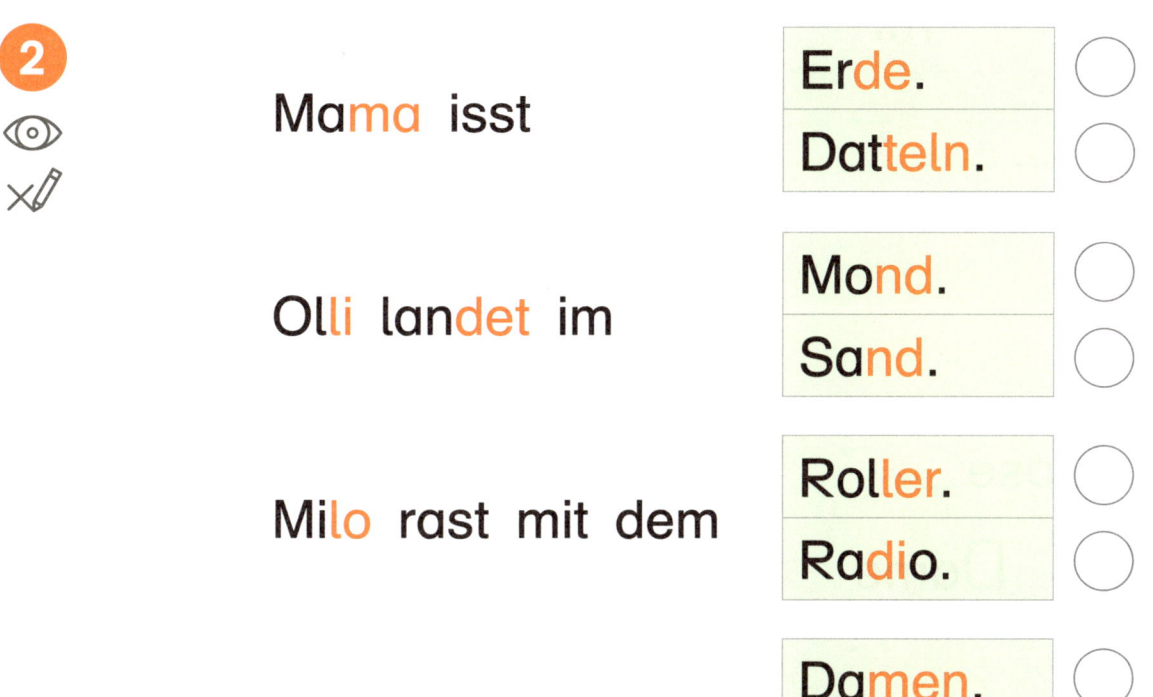

sind

der Mond – 2 Monde
das Rad – 2

sind   sind

zu FS 30/31 – 1. *Lautbild Delfin* und abgebildete Begriffe benennen – Begriffe danach abhören, ob der /d/-Laut am Wortanfang oder später im Wort klingt (passendes Kästchen ankreuzen) – **2.** Satzanfänge mit Auswahlwörtern am Satzende erlesen – jeweils zum Satz passendes Ergänzungswort ankreuzen
3. Das Wort *sind* lesen, in der Lineatur nachspuren bzw. ergänzen – Partnerarbeit/Klassengespräch: Ollis Sprechblase zur /d/-Lautung am Wortende erarbeiten (Auslautverhärtung): *Am Wortende und am Silbenende klingt das d wie der /t/-Laut.* – Strategie „Verlängern" durch Pluralbildung bei Nomen einführen

21

4

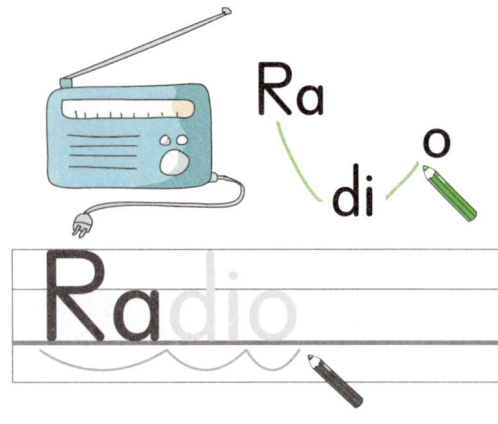

Ra
di
o

Radio

Li
na
mo
de

Do
mi
no

Man
da
ri
ne

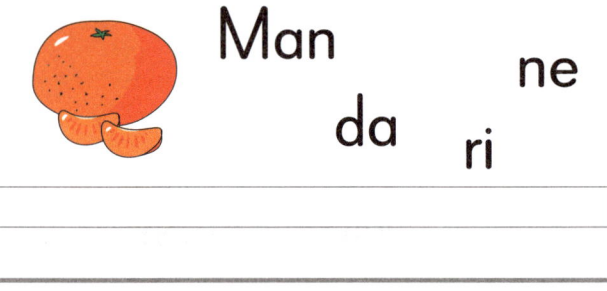

5

Dose
Erde   Dame

Dose

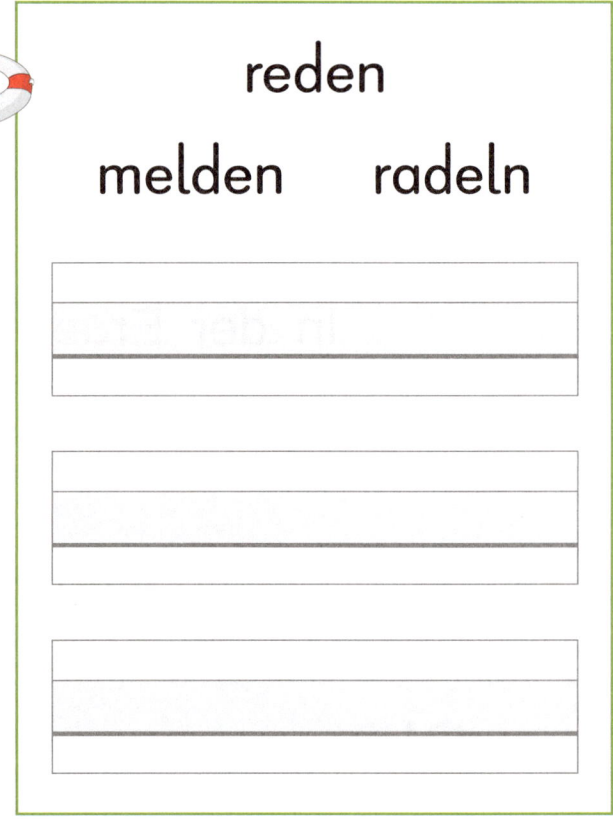

reden
melden   radeln

zu FS 30/31 – 4. **Einführung Silbensalat:** Begriff benennen – Einzelsilben erlesen und in der richtigen Reihenfolge miteinander verbinden –
Wort in die Zeile zum Bild schreiben – Silbenbögen setzen
5. Wörter in den Kästen erlesen – Silbenbögen setzen – Wörter abschreiben – LeMeSchKo-Regeln befolgen und Silbenbögen setzen

1

Metall-Arme malen Roller an.

Alle Roller werden anders.

Milo und Mila finden das toll.

Der Metall-Arm malt

Milos Roller an:

Der Dino wird rosa.

Alles andere wird lila.

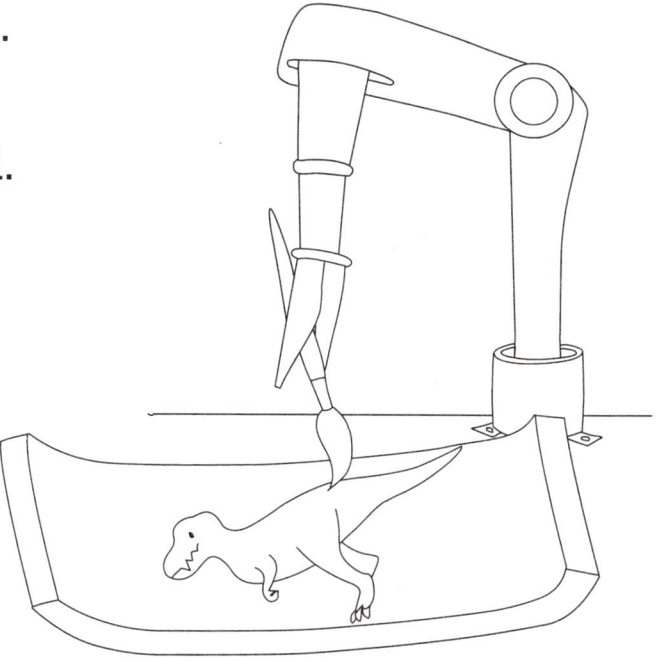

2

  Dame

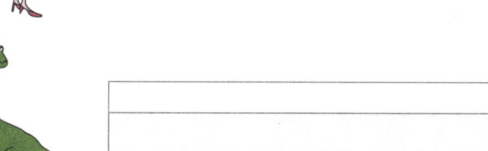

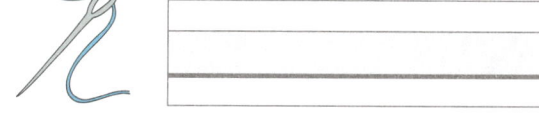

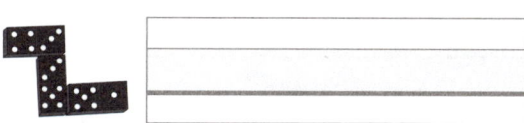

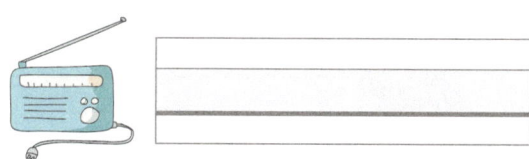

3

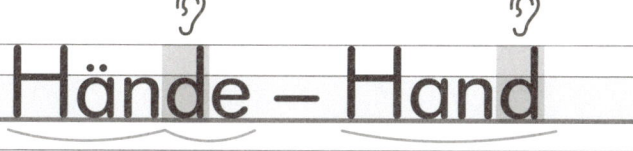 Hände – Hand

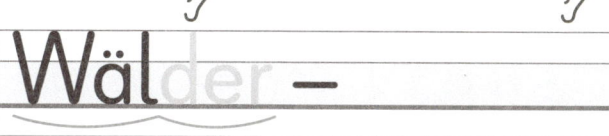 Wälder –

 Wände –

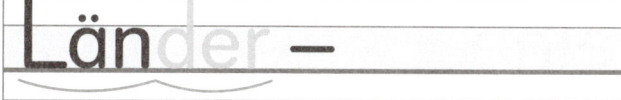 Länder –

zu FS 30/31 – **1.** Text erlesen und s/w-Abbildung nach Textvorgabe farbig ergänzen
2. abgebildete Begriffe benennen und frei oder mithilfe der Lauttabelle verschriften – Silbenbögen setzen
3. Auslautverhärtung beim d : Strategie und Piktogramm „Ableiten" bei Nomen einführen und anwenden: eine Hand – zwei Hände, eine Wand – zwei Wände ...

23

 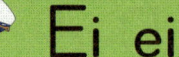 # Ei ei

Ei ei Ei ei

Ei ei   Ei ei

ein   ein

eine   eine

dein   dein

Eis   Eis

Leiter   Leiter

ein Eimer   eine Leiter   eine Ameise
ein Seil   ein Eis   eine Reise   ein Ei

ein   Eimer

eine   Leiter

zu FS 32/33 – oben graue Ei und ei einmal nachspuren – Feld mit weiteren Ei und ei füllen
Mitte alle grauen Vorgaben nachspuren und Restzeilen entsprechend füllen
unten Wörter im Kasten mit unbestimmtem Artikel erlesen – Wörter nach unbestimmtem Artikel sortieren
und (ohne Artikel) in die jeweils passende Zeile abschreiben – Silbenbögen setzen

24

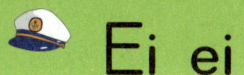 Ei ei

1

 3

2

Olli meint:

Mein Roller ist

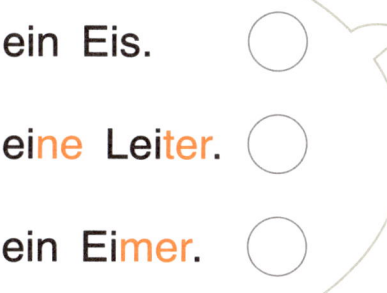
ein Eis. ◯

eine Leiter. ◯

ein Eimer. ◯

3

ein   eine   ein   eine

eine Leine   Seil

Ameise   Ei

zu FS 32/33 – 1. *Lautbild Eis* und abgebildete Begriffe benennen – Begriffe danach abhören, ob der /ei/-Laut am Wortanfang oder später im Wort klingt
2. Satzanfang und Auswahlergänzungen erlesen – Abbildung betrachten und zur Abbildung passende Satzergänzung ankreuzen
3. unbestimmte Artikel im Kasten erlesen – Abbildungen benennen – unbestimmte Artikel in den Kästen ergänzen und Wörter dazu nachspuren

25

4

L ⁿ e ei

Leine

So wird das etwas!

Ei s

S l ei

Ei m r e

5

Emil reist mit einem Eimer. ○

Emil reimt mit einem Roller. ○

Emil reist mit seinem Roller. ○

Emil rollt mit seinem Reiter. ○

Emils Roller ist rot. ○

Emil

zu FS 32/33 – 4. Einführung „Würfelwörter": Begriff benennen – Einzelbuchstaben erlesen und in der richtigen Reihenfolge miteinander verbinden – Wort in die Zeile zum Bild schreiben – Silbenbögen setzen
5. Sätze erlesen – Abbildung betrachten und zur Abbildung passende Sätze ankreuzen (3. und 5. Satz) – zum Bild passende Sätze unten abschreiben (LeMeSchKo)

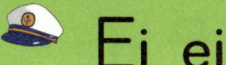

1

ei

Seife

2 Ein Wort muss fort!

Roller passen ~~oder~~ leider selten in den  .

Milo will Leine einen Roller mit roten Ameisen.

Emil und Ela reimen Leiter und Winter Reiter.

Olli will aber, dass beide leise sind Motoren.

3

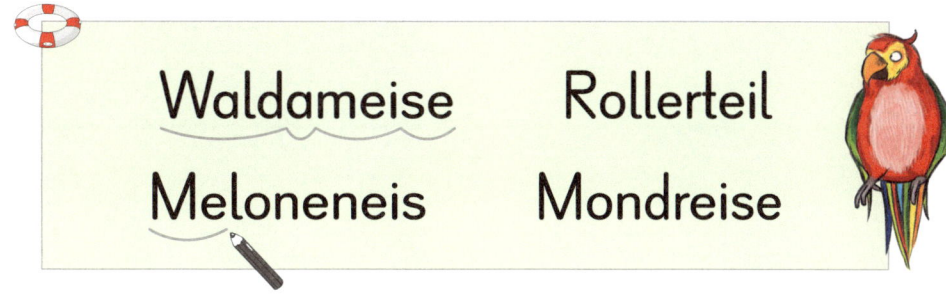

Waldameise   Rollerteil

Meloneneis   Mondreise

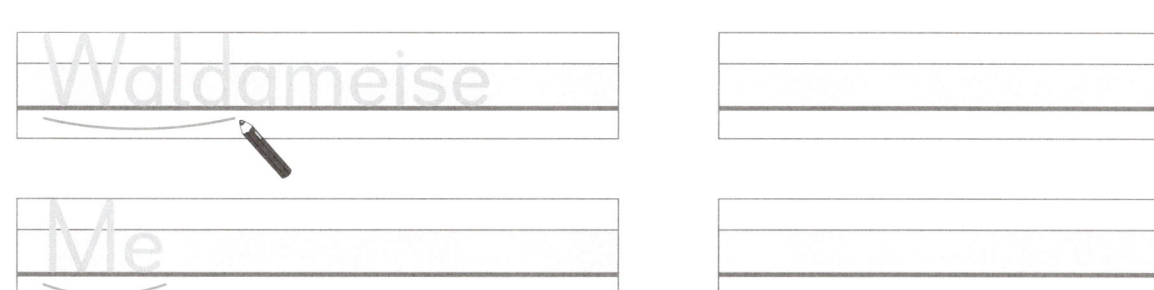

Waldameise

Me

zu FS 32/33 – 1. abgebildete Wörter verschriften und ei rot einkreisen
2. „Stolperwörter": Sätze einzeln erlesen – nicht in den Satz passendes Wort ermitteln und rot durchkreuzen
3. lange Wörter erlesen, Silben schwingen und Silbenbögen setzen – Wörter in die Zeilen abschreiben (LeMeSchKo) und Silbenbögen setzen

27

P p

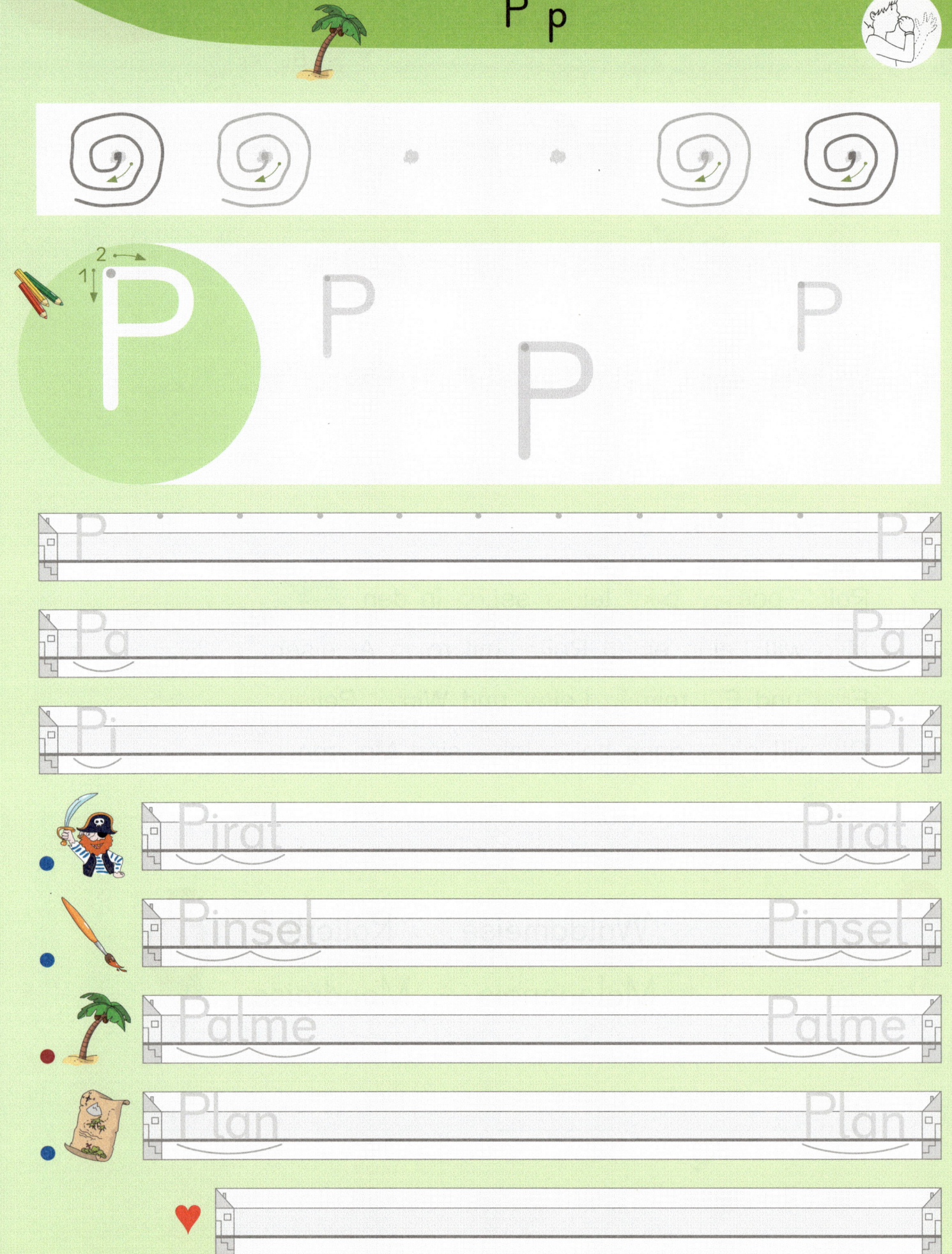

zu FS 34/35 – oben Formübung P: graue Spiralen in Pfeilrichtung nachspuren und fehlende ergänzen –
weißes P mit mehreren Farben nachspuren – graue P einmal nachspuren – Feld mit weiteren P füllen – Schreibansatzpunkte und Richtungspfeile beachten
Mitte alle grauen Vorgaben nachspuren und Restzeilen entsprechend füllen
unten *optional*: Lieblingsbuchstaben/-wörter aufschreiben

p

p

p

p

p | p

P p | P p

passen | passen

planen | planen

prima | prima

Ampel | Ampel

Opa • Lampe • Papa

Opa

zu FS 34/35 – oben Formübung p: „Walfontäne" in Pfeilrichtung nachspuren bzw. ergänzen – weißes p mit mehreren Farben nachspuren – graue p einmal nachspuren – Feld mit weiteren p füllen – Schreibansatzpunkt und Richtungspfeile beachten
Mitte alle grauen Vorgaben nachspuren und Restzeilen entsprechend füllen
unten Wörter aus dem Kasten erlesen und richtig abschreiben

29

P p

1

2

ein   eine   eine   ein

eine Ampel   Mappe

Pirat   Lappen

3

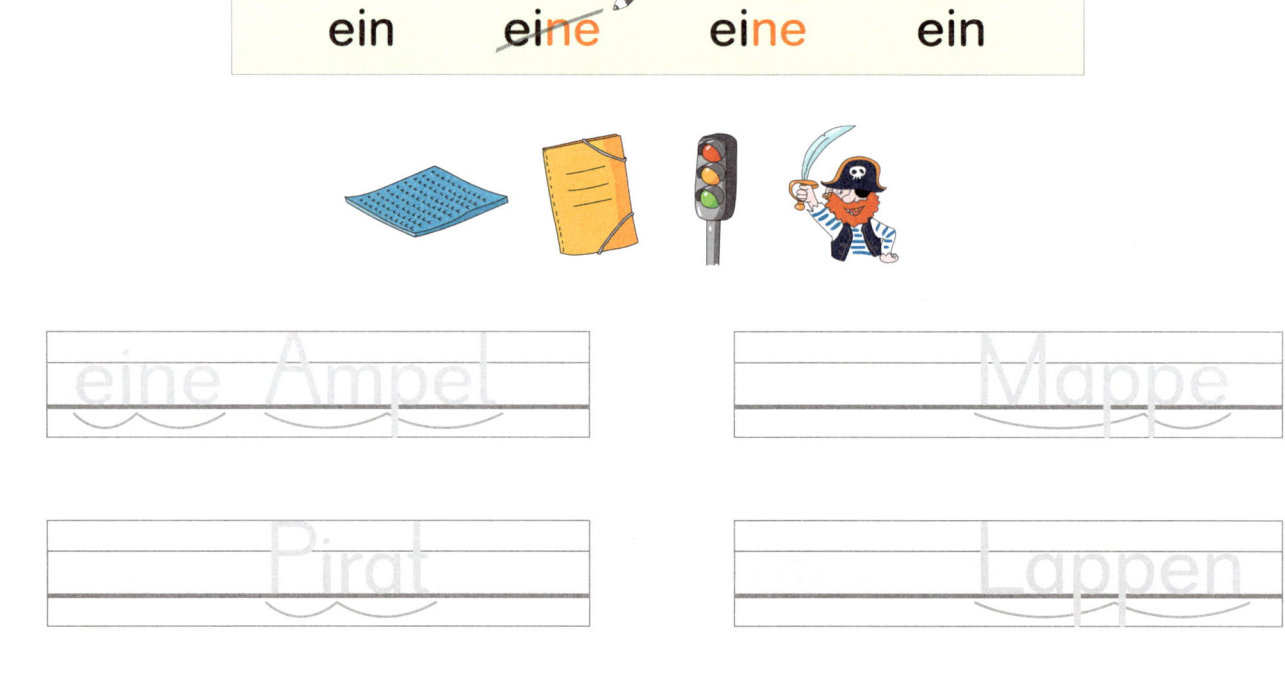

Lippen   Pappe   Oma

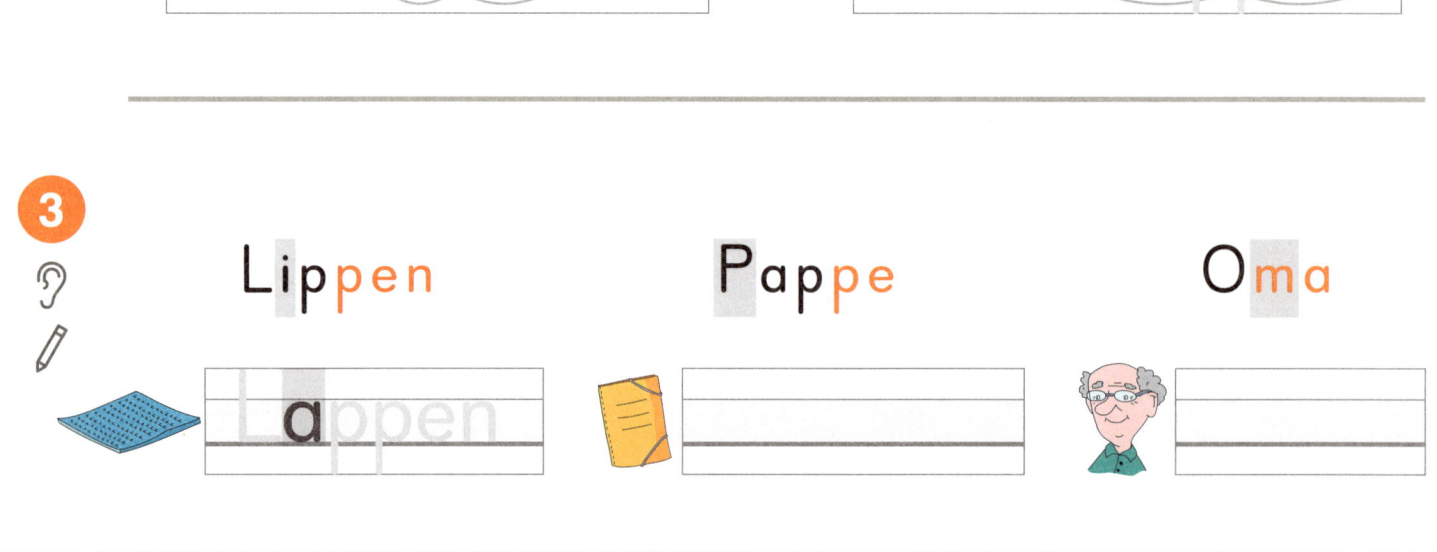

Lappen

zu FS 34/35 – 1. *Lautbild Palme* und abgebildete Begriffe benennen – Begriffe danach abhören, ob der /p/-Laut am Wortanfang oder später im Wort klingt
2. unbestimmte Artikel im Kasten erlesen – Abbildungen benennen – unbestimmte Artikel in den Kästen ergänzen und Wörter dazu nachspuren
3. Wort über der Zeile erlesen – darunter abgebildeten Begriff benennen – heraushören, wie sich der markierte Buchstabe/Laut unterscheidet – abgebildeten Begriff verschriften

4

Mit einem Pinsel soll man

- ◯ einen Piloten testen.
- ◯ eine Pappe anmalen.
- ◯ seine Pommes teilen.

Mila soll mit Milo

- ◯ Pommes mit Pappe essen.
- ◯ an einer roten Ampel warten.
- ◯ Papas Post platt trampeln.

---

5 Immer einmal 🟢, einmal 🟠

⚀ Ein Dino passt in	⚀ leere Dosen.
⚁ Ein paar Personen malen	⚁ Piratenpost.
⚂ Opa rettet mit Mila	⚂ rote Ampeln.
⚃ Peter sammelt	⚃ lila Pappeimer.
⚄ Piraten rollen	⚄ ein plattes Rad.
⚅ Olli teilt mit Milo	⚅ drei Pommes.

zu FS 34/35 – 4. Satzanfang und Auswahlergänzungen erlesen – sinnvolle Satzergänzung ankreuzen
5. Einführung „Würfelsätze": eine Zahl würfeln und Satzanfang dazu erlesen – zweite Zahl würfeln und Satzergänzung dazu erlesen – beide erwürfelten Satzteile
als zusammenhängenden Satz lesen – Lieblingssatz in die Zeilen abschreiben (LeMeSchKo) – nach der Einführung in Partnerarbeit beliebig zu wiederholen

31

P p

1

 a e

Perle

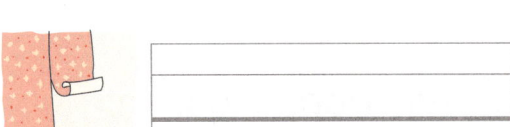

---

2 Welches Wort passt nicht?

Milo will eine Tapete rot ~~Wal~~ anmalen.

Opa will seine Post Ampel in einer Mappe sammeln.

An einer roten Ampel Pille warten Piloten.

Olli und Mila planen Perle eine feine Reise.

3

Leselampe   Perlendose   Piratenpopo

Lese

zu FS 34/35 – 1. abgebildete Wörter verschriften – „Kapitäne" rot einkreisen und Silbenbögen setzen
2. „Stolperwörter": Sätze einzeln erlesen – nicht in den Satz passendes Wort ermitteln und rot durchkreuzen
3. lange Wörter erlesen, Silben schwingen und Silbenbögen setzen – Wörter in die Zeilen abschreiben (LeMeSchKo) und Silbenbögen setzen

F f

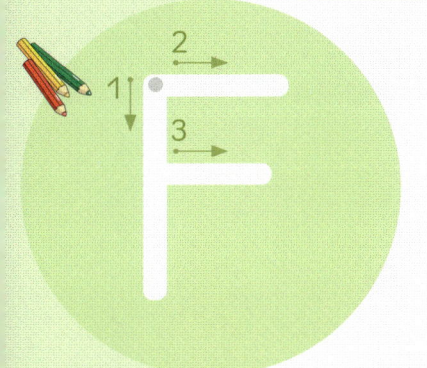

F F F F

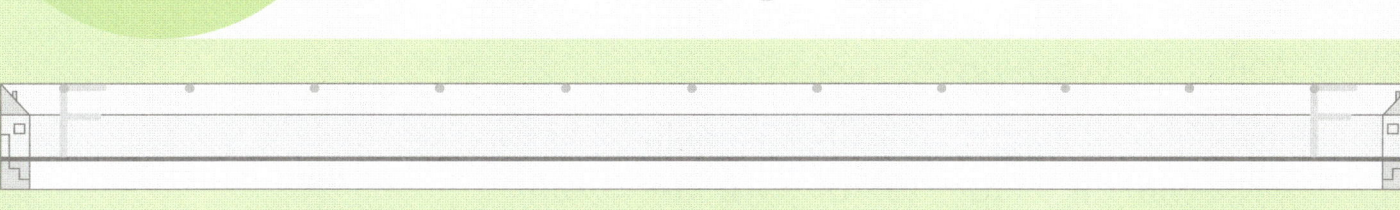

F

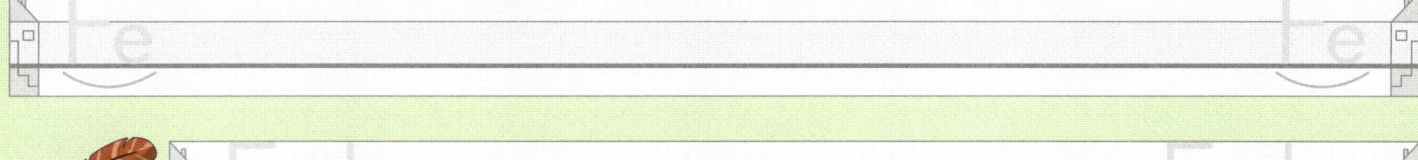

Fe

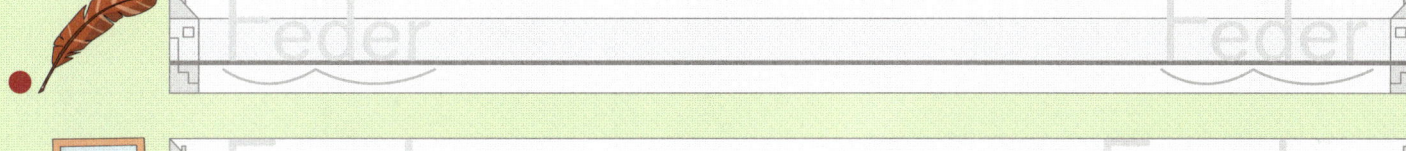

Feder

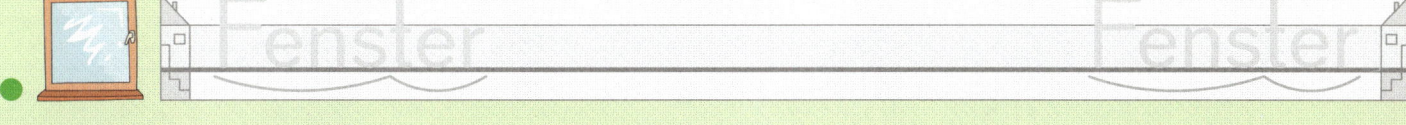

Fenster

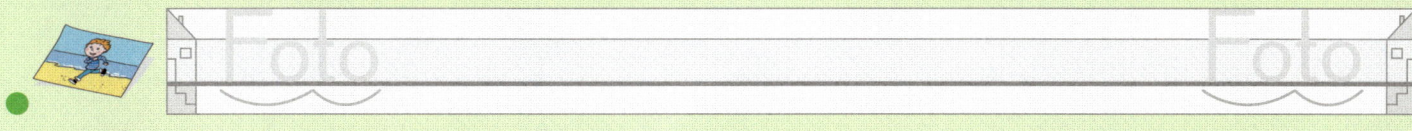

Foto

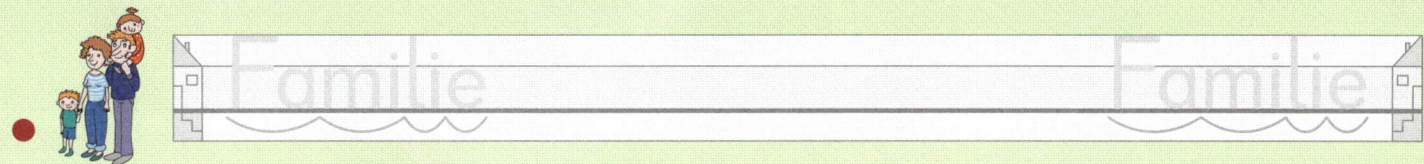

Familie

Fest · Film Ferien

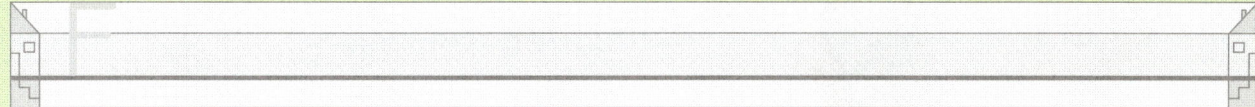

F

zu FS 36/37 – oben Formübung F: hellgraue Linien innerhalb der Fähnchen wie vorgegeben nachspuren –
weißes F mit mehreren Farben nachspuren – graue F einmal nachspuren – Feld mit weiteren F füllen – Schreibansatzpunkte und Richtungspfeile beachten
Mitte alle grauen Vorgaben nachspuren und Restzeilen entsprechend füllen
unten Wörter aus dem Kasten erlesen und richtig abschreiben

33

F f

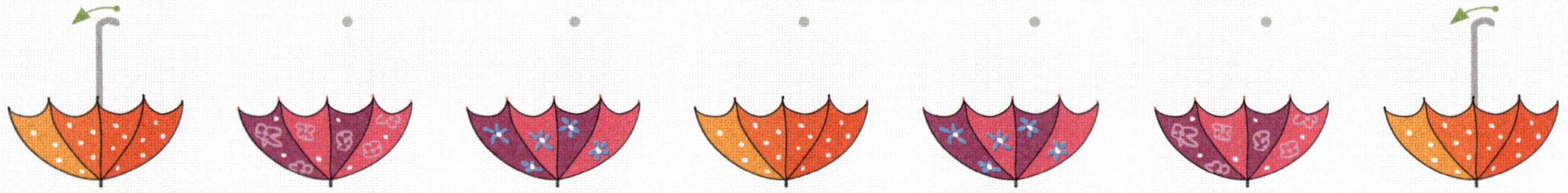

f

f

f

f

f

F f

fein

elf

finden

fallen

Affe

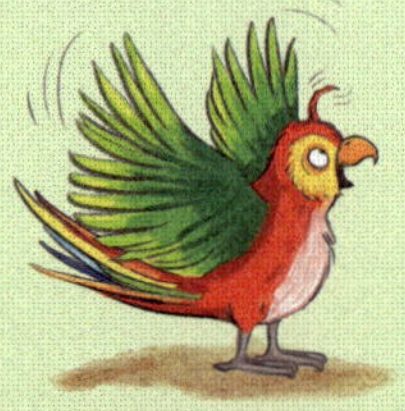

Elf Elfen reimen am Telefon.

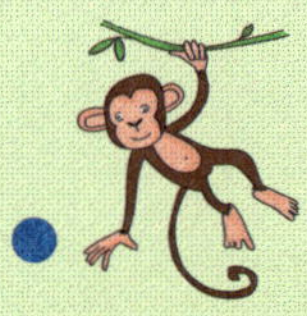

zu FS 36/37 – oben Formübung f: „Schirmgriffe" wie vorgegeben nachspuren bzw. ergänzen – weißes f mit mehreren Farben nachspuren –
graue f einmal nachspuren – Feld mit weiteren f füllen – Schreibansatzpunkte und Richtungspfeile beachten
Mitte alle grauen Vorgaben nachspuren und Restzeilen entsprechend füllen
unten *optional*: vorgegebenen Satz erlesen und ins Heft abschreiben

F f

1

2

Mila ist mit Milo

am Meer.

Dort filmt Mila

2 lila Delfine.

Milo findet das toll!

3 Was passt?

○ ein rotes Familienrollo

○ ein tolles Familienfoto

○ ein leeres Familientoto

○ ein Sommerfist filmen

○ ein Semmerfost filmen

○ ein Sommerfest filmen

zu FS 36/37 – 1. *Lautbild Fisch* und abgebildete Begriffe benennen – Begriffe danach abhören, ob der /f/-Laut am Wortanfang oder später im Wort klingt
2. Text erlesen und s/w-Abbildung nach Textvorgabe ergänzen
3. ähnliche Satzfragmente erlesen und das jeweils zur Abbildung passende Satzfragment ankreuzen

35

4

S $\overset{f}{\underset{ei}{\diagdown}}$ e   11 e $\overset{l}{}$ f   F $\overset{o\ o}{\underset{t}{}}$

Sei

5

Mama filmt

○ elf Delfine mit einer Seife.

○ helle Lappen in einem Telefon.

○ Affen mit Fell.

Mama

Elefanten fressen

○ fette Pommes mit Feldsalat.

○ feste Rinde.

○ in den Ferien feine Fotos.

Elefanten

6

Mein ♥-Film

zu FS 36/37 – 4. „Würfelwörter": Begriff benennen – Einzelbuchstaben erlesen und in der richtigen Reihenfolge miteinander verbinden –
Wort in die Zeile zum Bild schreiben – Silbenbögen setzen
5. Satzanfang und Auswahlergänzungen erlesen – sinnvolle Satzergänzung ankreuzen – entstandenen Lösungssatz abschreiben (LeMeSchKo)
6. freies Schreiben zu einem Lieblingsfilm

1

Delfine findet man in fast allen Meeren.

Ein Delfin ist ein kleiner Wal.

Unter Wasser ist er ein flotter Raser.

Wenn Delfine miteinander reden,

knattert es oft unter Wasser.

Der ☐ Hai ☐ ist ein Feind der Delfine.

Kennst du andere Delfin-Feinde?

2

fen   po   Af   po

Affen

waf   Eis   fel

flos   fin   Del   se

To   saft   ma   ten

zu FS 36/37 – 1. Partnerlesen: Text erlesen (abwechselnd oder mehrfach hintereinander) – Graphem ai kennenlernen – sich über den Inhalt des Textes austauschen – *optional*: weitere Informationen zu Haien einholen
2. Abbildungen benennen – Silbenschwingen – Einzelsilben erlesen – Wörter zu den Abbildungen Silbe für Silbe verschriften – benutzte Silben nach und nach ausstreichen – *optional*: Silbenbögen setzen

37

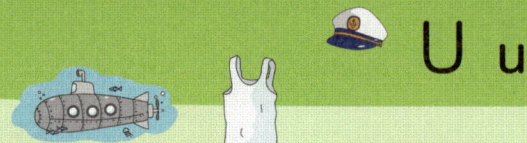 

U u

U   U   U   U   U

U   U

Un   Un

Um   Um

Umwelt   Umwelt

Unsinn   Unsinn

Unfall   Unfall

Ufo   Ufo

♥

zu FS 38/39 – oben Formübung U: graue „Pilzstiele" in Pfeilrichtung nachspuren und fehlende ergänzen –
weißes U mit mehreren Farben nachspuren – graue U einmal nachspuren – Feld mit weiteren U füllen – Schreibansatzpunkt und Richtungspfeil beachten
Mitte alle grauen Vorgaben nachspuren und Restzeilen entsprechend füllen
unten *optional*: Lieblingsbuchstaben/-wörter aufschreiben

u u u

u

u u

u

U u U u

und und

rufen rufen

Lupe Lupe

Pulli Pulli

tun turnen summen

t

zu FS 38/39 – oben Formübung u: ausgegraute „Dachschindeln" in Pfeilrichtung nachspuren und fehlende ergänzen –
weißes u mit mehreren Farben nachspuren – graue u einmal nachspuren – Feld mit weiteren u füllen – Schreibansatzpunkt und Richtungspfeile beachten
Mitte alle grauen Vorgaben nachspuren und Restzeilen entsprechend füllen
unten Wörter aus dem Kasten erlesen und richtig abschreiben

39

U u

1

 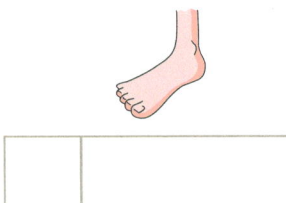

2

Das Meer ist ein Wun**der** der Na**tur**.

Un**ter** Was**ser** ist es fast im**mer** lei**se**.

Nur ein ro**tes** U-Boot summt dort.

Drei Del**fine** pus**ten** Luft ins Was**ser**.

3

Le	Ru

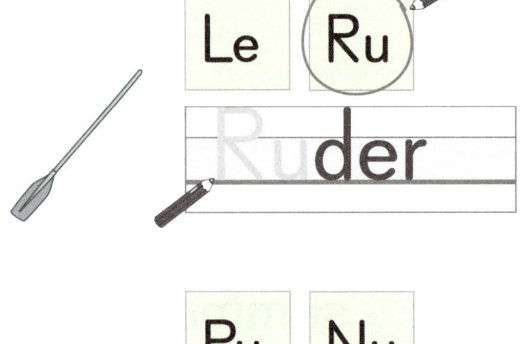

Ruder

Sup	Pup

pe

Pu	Nu

del

Na	Nu

del

---

zu FS 38/39 – **1.** *Lautbild U-Boot* und abgebildete Begriffe benennen – Begriffe danach abhören, ob der lange /u/-Laut am Wortanfang oder später im Wort klingt – *Lautbild Unterhemd* und abgebildete Begriffe benennen – Begriffe danach abhören, ob der kurze /u/-Laut am Wortanfang oder später im Wort klingt
2. Text erlesen und s/w-Abbildung nach Textvorgabe ergänzen – **3.** Auswahlsilben in den Kästen und Endsilbe in der Lineatur erlesen – Begriff nach Abbildungs-vorgabe benennen, passende Anfangssilbe in Lineatur ergänzen, Endsilbe nachspuren

4

L u p e   T r u m   M u n d

5

Ma**ma**, Ma**ma**!   11:20

Was willst du, Mi**la**?   11:20

Un**s**ere ar**me** Na**tur**!   11:21

Wa**rum**? Was ist los?   11:22

Pap**pe** und Do**sen** sind un**ter** Wa**ss**er.   11:22

...   11:23

 Was re**den** Mi**la** und Ma**ma** wei**ter**?

zu FS 38/39 – 4. „Würfelwörter": Begriff benennen – Einzelbuchstaben erlesen und in der richtigen Reihenfolge miteinander verbinden – Wort in die Zeile zum Bild schreiben
5. Partnerlesen: Rollen (*Mila, Mama*) verteilen und Display-Text mehrfach (auch mit vertauschten Rollen) lesen – Zusatzfrage erlesen und sich darüber austauschen (Fibelseite 38/39 hinzuziehen)

41

1

Hallo Umweltamt,

wir müssen etwas melden.

Wir waren mit unserem U-Boot im Meer.

Dort fanden wir im Wasser überall Müll.

Wer wirft denn Müll ins Meer?

Die Delfine fressen den Müll. Das ist ein Problem.

Mila und Milo

An das
Umweltamt

 Was willst du für die Umwelt tun?

2

Umwelt   Milo   Eimer   Umweltamt

Liebe Mila, lieber ___Milo___ ,

so ist es leider.

Der Müll in unserer _____

ist überall ein Problem. Bittet alle darum:

Werft Müll immer in einen _____ !

So helfen wir alle der Natur.

Das _____

An
Mila und Milo

zu FS 38/39 – 1. Partnerlesen: Umschlagbeschriftung und Text erlesen (abwechselnd oder mehrfach hintereinander) – sich über den Inhalt des Textes austauschen – freies Schreiben ins Heft zur Fragestellung
2. Einführung „Lückentext": Umschlagbeschriftung erlesen – Wörter im Kasten erlesen – Lückentext Satz für Satz erlesen – Wörter aus dem Kasten in die passenden Lücken abschreiben – genutzte Wörter nach und nach ausstreichen

H h

zu FS 42/43 – oben Formübung H: weiße Linien des Teppichmusters nachspuren –
weißes H mit mehreren Farben nachspuren – graue H einmal nachspuren – Feld mit weiteren H füllen – Schreibansatzpunkte und Richtungspfeile beachten
Mitte alle grauen Vorgaben nachspuren und Restzeilen entsprechend füllen
unten *optional*: Lieblingsbuchstaben/-wörter aufschreiben

43

H h

h

h

h

h

H h

hell

hart

holen

helfen

Nashorn

er hat   er holt   er hilft

Hase   Heft   Himmel

zu FS 42/43 – **oben** Formübung h: graue „Eiskugeln" nachspuren und fehlende ergänzen –
weißes h mit mehreren Farben nachspuren – graue h einmal nachspuren – Feld mit weiteren h füllen – Schreibansatzpunkt und Richtungspfeile beachten
Mitte alle grauen Vorgaben nachspuren und Restzeilen entsprechend füllen
unten *optional*: vorgegebene Verben und Nomen erlesen und ins Heft abschreiben

44

H h

1

2

Ein Nashorn hat

○ elf Haare unter dem Helm.

○ einen fetten Hals.

○ immer hundert Arme.

Mit einem Hammer

○ will Milo einen Hut falten.

○ will Olli Milas Husten heilen.

○ soll Mama dem Opa helfen.

3

 H und  h sind immer dort .

Hamster

Heft

Unterhose

helfen

zu FS 42/43 – 1. *Lautbild Hund* und abgebildete Begriffe benennen – Begriffe danach abhören, ob der hörbare /h/-Laut am Wortanfang oder später im Wort klingt – Piktogramm für das hörbare H/h kennenlernen – 2. Satzanfang und Auswahlergänzungen erlesen – sinnvolle Satzergänzung ankreuzen
3. Piktogramm für das hörbare H/h wiederholen – Wörter erlesen – Silbenschwingen und Positionierung des hörbaren H/h am Silbenbogen mit einem Punkt markieren – Feststellung: Das hörbare H/h klingt immer am Silbenanfang.

4

| Fohlen | Fahne | Fahrrad | Sohle |

5

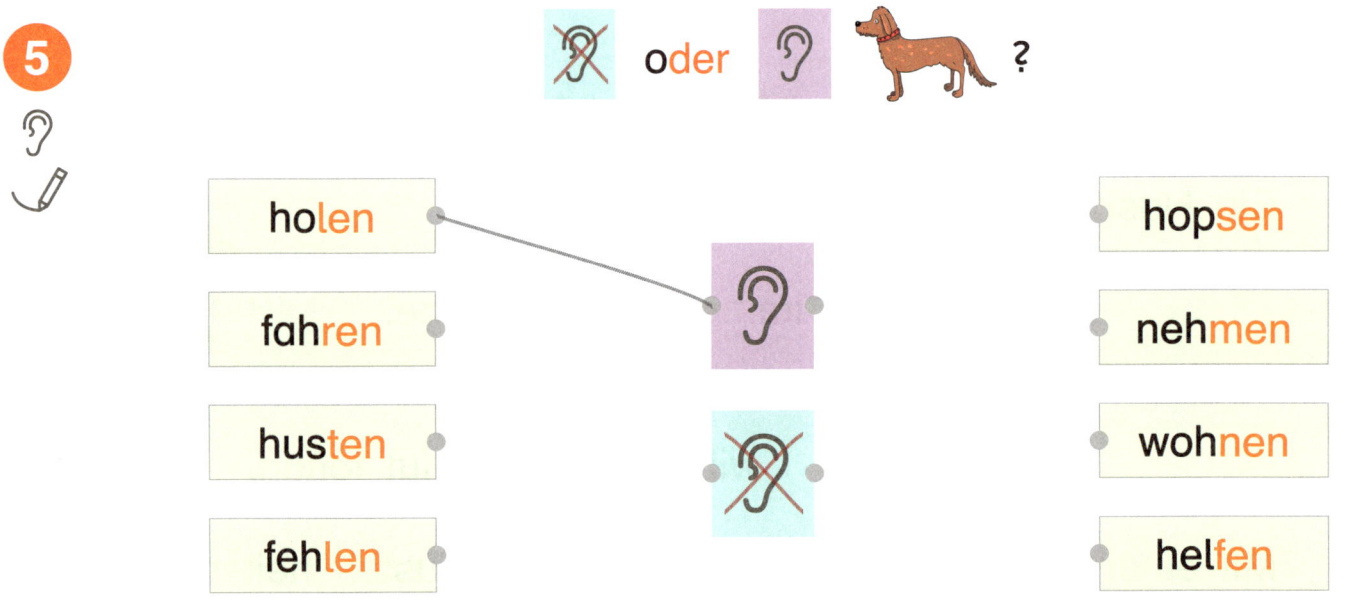

oder ?

holen   hopsen

fahren   nehmen

husten   wohnen

fehlen   helfen

6

Finde alle 8 h.

Omas Fahrrad lehnt an der Wand.

Ein Reifen ist ohne Luft.

Oma will an den See fahren.

Nun fehlt ihre rote Luftpumpe.

Seht ihr eine Pumpe?

zu FS 42/43 – 4. Erarbeitung „stummes h": abgebildete Begriffe benennen – Wörter darunter erlesen und das „stumme h" herausarbeiten – Piktogramm für das „stumme h" kennenlernen – Abbildung mit dem passenden Wort verbinden
5. Wörter erlesen – Bedeutung der Piktogramme für hörbares H/h und stummes h wiederholen – Wörter mit dem jeweils richtigen Piktogramm verbinden
6. Text erlesen und alle „stummen" h farbig markieren – Abbildung nach Textvorgabe ergänzen

46

H h   -h

7

fahren   holen   anhalten

nehmen   wohnen   helfen

holen

fahren

---

8   Immer einmal 🎲, einmal 🎲

⚀ Ein Lehrer holt	⚀ rote Federn.
⚁ Ina und Hassan halten	⚁ drei Nudeln.
⚂ Oma und Opa nehmen	⚂ ein Heft.
⚃ Herr Hof rettet	⚃ einen Hut.
⚄ Das Nashorn frisst	⚄ einen Hasen.
⚅ Hamster Helmut hat	⚅ helles Fell.

zu FS 42/43 – **7.** Wörter erlesen – Bedeutung der Piktogramme für hörbares H/h und stummes h wiederholen – Wörter jeweils in die Spalte mit dem passenden Piktogramm abschreiben (LeMeSchKo) – Silbenbögen setzen und Stellung des hörbaren h jeweils am Silbenbogen markieren
8. „Würfelsätze": eine Zahl würfeln und Satzanfang dazu erlesen – zweite Zahl würfeln und Satzergänzung dazu erlesen – beide erwürfelten Satzteile als zusammenhängenden Satz lesen

1 Was passt zusammen?

Es hat ein Horn
auf der Nase.

Es hat Fenster.
Wir wohnen darin.

Er hat eine tolle Nase.
Damit hilft er Polizisten.

Er frisst Salat und
hoppelt sehr oft herum.

der Hase

der Polizeihund

das Nashorn

das Haus

2

Hams   rad   ter

Hams

helm   rad   Fahr

Sah   te   ne   tor

zu FS 42/43 – **1.** Aussagen links erlesen – Begriffe rechts erlesen – Aussagen mit den passenden Begriffen verbinden
2. Abbildungen benennen – Silbenschwingen – Einzelsilben erlesen – Wörter zu den Abbildungen Silbe für Silbe verschriften – benutzte Silben nach und nach ausstreichen – *optional*: Silbenbögen setzen

3 Hunde helfen

Der Hund hat ein Fell
und einen Schwanz.
Hunde haben tolle Ohren
und eine tolle Nase.
Damit finden sie Menschen in Not.

Wem helfen Hunde?

Hunde helfen

---

4 Finde alles, was zusammenpasst.

Hunde

roller   leine   monat   floh   feder   haare   futter

Hundeleine

Hundeleine   Hundefloh   Hundehaare   Hundefutter

zu FS 42/43 – 3. Text erlesen und Frage dazu schriftlich beantworten
4. Einführung „Komposita": *Hunde* (Bestimmungswort) und Wortergänzungen (Grundwörter) erlesen – vorgegebenes neues Wort (*Hundeleine*) erlesen – alle
weitere Wortzusammensetzungen mit den vorgegebenen Grundwörtern auf ihre Existenz überprüfen – richtige Wörter aufschreiben (Lösungen im unteren
grünen Kasten) – optional: Hundebücher mitbringen/ausleihen und Informationen sammeln

49

ie   ie   ie

ie   ie   ie

ie   ie

die   die

hier   hier

diese   diese

wieder   wieder

niesen   niesen

Papier   Papier

Riese   Riese

sie   wie   nie   tief   fies

zu FS 44/45 – oben Einführung Inlaut-Grapheme: *Lautbild Wiese* mit ie als Inlaut und Wortbeispiel mit Markierung kennenlernen –
erfahren, dass ie immer wie ein langer /i/-Laut klingt und niemals im Anlaut steht – graue ie einmal nachspuren – Feld mit weiteren ie füllen
Mitte alle grauen Vorgaben nachspuren und Restzeilen entsprechend füllen
unten Wörter aus dem Kasten erlesen und richtig abschreiben

50

der   die   das

der   das   die   der   die   das

| der | oder | die | oder | das |

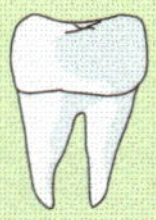

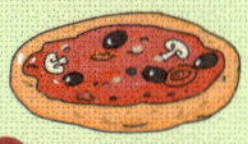

die Mutter   das Tier   der Flieder

das Lied   die Wiese   der Riese

der   der Flieder

die

das

zu FS 44/45 – oben bestimmte Artikel nachspuren und weißes Feld mit weiteren bestimmten Artikeln füllen
Mitte Zuordnung der Artikelpunkte zu den bestimmten Artikeln – Abbildungen mit Artikel benennen (Artikelpunkte beachten) und den richtigen Artikel jeweils vor die Abbildung schreiben
unten Wörter im Kasten erlesen – Wörter nach Artikeln sortiert in die passende Zeile abschreiben (jeweils mit Artikel)

51

ie

Wiese

1 Finde erst alle (ie).

Lies. Ein Wort muss immer fort. Finde es.

Was ~~wo~~ ist mit Mila und Milo passiert?

Alle April rufen Mila und Milo immer wieder.

Fiete will warm Mila und Milo finden.

Sie rufen: „Fiete, wir sind Hamster hier!"

---

2 | der | oder | die | oder | das | ?

Flieder   Papier   Wiese   Riese   Lied

der Flieder

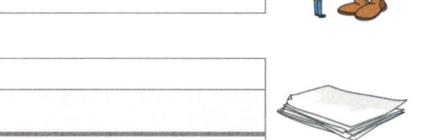

Das sind Nomen.

der Flieder   das Papier   die Wiese   der Riese   das Lied

zu FS 44/45 – 1. Text erlesen und alle ie rot einkreisen – **Einführung „Stolperwörter":** Sätze einzeln erlesen – nicht in den Satz passendes Wort ermitteln und rot durchkreuzen
2. Wörter im grünen Kasten erlesen und Artikel dazu benennen – Wörter jeweils mit Artikel zur passenden Abbildung schreiben (LeMeSchKo – Lösungen im unteren grünen Kasten) – Ollis Sprechblase erlesen – erfahren, dass Nomen einen Artikel haben (optional: auf Großschreibung eingehen)

3

ie
Tr e

L d
Lie

ie
R s e

_____

_____

_____

4

Hier liest Mila im Winter. ◯

Hier niest Mila im Wasser. ◯

Hier friert Milo im Sommer. ◯

_____

Findest du das Fliesentier? ◯

Findest du das Riesentier? ◯

Findest du das Wiesenlied? ◯

_____

5   das Riesenpapiertier

_____

zu FS 44/45 – 3. „Würfelwörter": Begriff benennen – Einzelbuchstaben erlesen und in der richtigen Reihenfolge miteinander verbinden –
Wort in die Zeile zum Bild schreiben
4. Auswahlsätze erlesen – Abbildung betrachten – zum Bild passenden Satz mit der Abbildung verbinden – Lösungssatz darunter abschreiben (LeMeSchKo)
5. langes Wort mit Artikel erlesen und richtig abschreiben (LeMeSchKo)

53

1 Sortiere alles passend ein:

niemals   leise   tief   fein   weit

nein   wieder   fies   seit   hier

Alles mit ie

niemals

Alles mit ei

leise

2 Was passt wohin?

Tiere   Riese   Lied   niest

Hier liegt ein _____.

Dieser Riese hat ein Papier mit einem _____.

In seinem Bart sind 2 fiese _____.

Diese Tiere fliehen, als der Riese _____.

zu FS 44/45 – 1. Wörter im Kasten erlesen und nach ie- und ei-Wörtern sortiert in die passende Zeile abschreiben (LeMeSchKo)
2. „Lückentext": Wörter im Kasten erlesen – Lückentext Satz für Satz erlesen – Abbildung betrachten – Wörter aus dem Kasten in die passenden Lücken
abschreiben – genutzte Wörter nach und nach ausstreichen

B b

Ball

Biene

Butter

Brot

Blume

zu FS 46/47 – oben Formübung B: Kontur der Schmetterlingsflügel auf der rechten Seite nachspuren – weißes B mit mehreren Farben nachspuren –
graue B einmal nachspuren – Feld mit weiteren B füllen – Schreibansatzpunkte und Richtungspfeile beachten
Mitte alle grauen Vorgaben nachspuren und Restzeilen entsprechend füllen
unten *optional:* Lieblingsbuchstaben/-wörter aufschreiben

55

B b

b

B b

bis

bunt

haben

bleiben

Farbe

Bienen lieben das Leben in Wiesen.

zu FS 46/47 – oben Formübung b: graue Anteile der Blume nachspuren – weißes b mit mehreren Farben nachspuren –
graue b einmal nachspuren – Feld mit weiteren b füllen – Schreibansatzpunkt und Richtungspfeile beachten
Mitte alle grauen Vorgaben nachspuren und Restzeilen entsprechend füllen
unten *optional:* vorgegebenen Satz erlesen und ins Heft abschreiben

1

2

Lies. Was muss fort?

Ben hat ei~~ne~~ tol~~le~~ ~~liebe~~ Bril~~le~~.

Mit der Bir~~ne~~ Bril~~le~~ sieht er bes~~ser~~.

Ben sieht, was bis Mi~~lo~~ malt.

Mi~~lo~~ bit~~tet~~ malt ein bun~~tes~~ Boot.

3

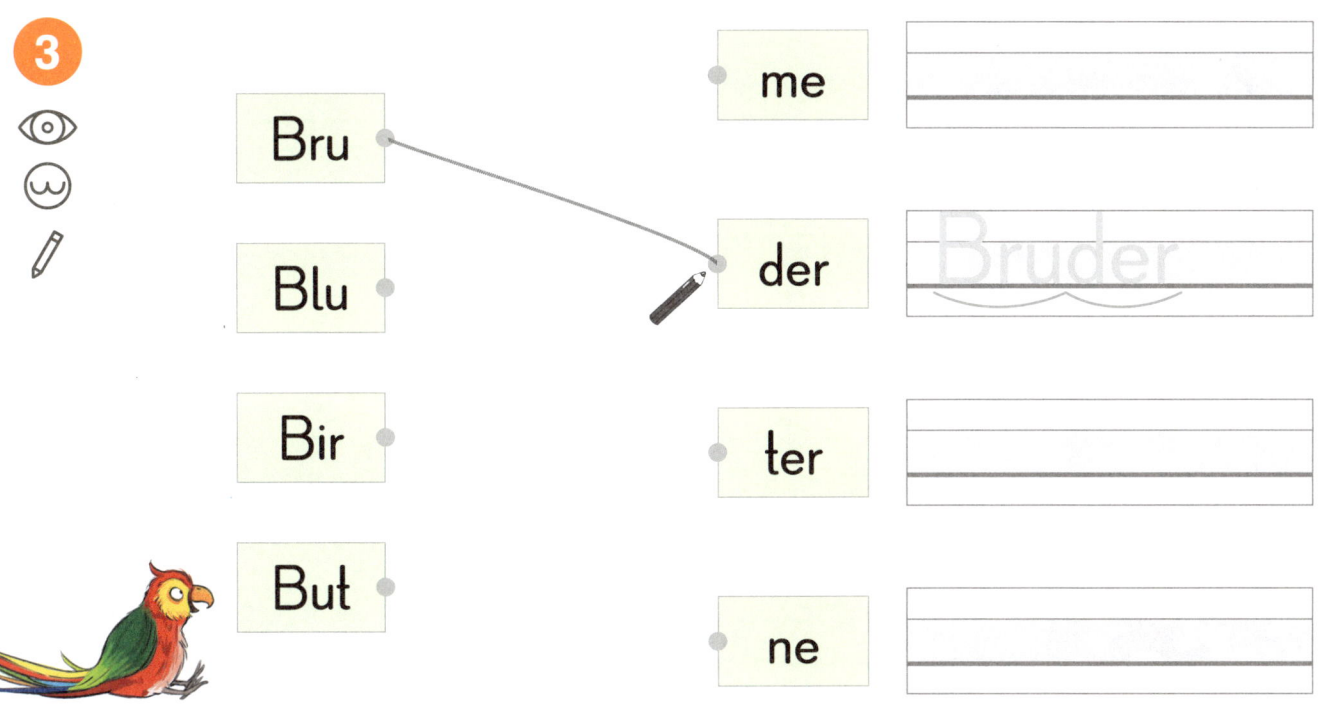

Bru   me

Blu   der   Bruder

Bir   ter

But   ne

zu FS 46/47 – 1. *Lautbild Boot* und abgebildete Begriffe benennen – Begriffe danach abhören, ob der /b/-Laut am Wortanfang oder später im Wort klingt
2. „Stolperwörter": Sätze einzeln erlesen – nicht in den Satz passendes Wort ermitteln und rot durchkreuzen
3. Anfangs- und Endsilben erlesen – zu jeder Anfangssilbe die richtige Endsilbe finden und beide miteinander verbinden – das vollständige Wort danebenschreiben

57

B b

4

B ei n

B a ll

B r ie f

---

5 Was ist so? 2-mal ⊗✏

Ra**ben** be**l**l**en** oft im Ne**bel**. ○

A**mei**sen ar**bei**ten hart. ○

Bie**nen** ha**ben** sie**ben** Bei**ne**. ○

Bi**ber** le**ben** am Wa**s**ser. ○

1. _____

2. _____

---

6 Was tun wir? – Was tut Olli?

wir lieben ⟷ Olli liebt

wir toben ⟷ Olli

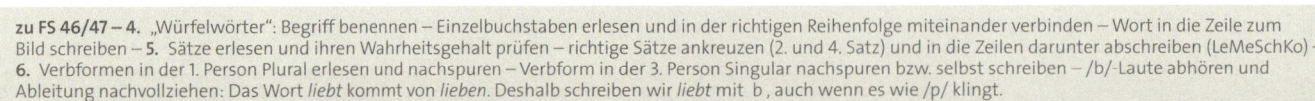

zu FS 46/47 – 4. „Würfelwörter": Begriff benennen – Einzelbuchstaben erlesen und in der richtigen Reihenfolge miteinander verbinden – Wort in die Zeile zum Bild schreiben – **5.** Sätze erlesen und ihren Wahrheitsgehalt prüfen – richtige Sätze ankreuzen (2. und 4. Satz) und in die Zeilen darunter abschreiben (LeMeSchKo) – **6.** Verbformen in der 1. Person Plural erlesen und nachspuren – Verbform in der 3. Person Singular nachspuren bzw. selbst schreiben – /b/-Laute abhören und Ableitung nachvollziehen: Das Wort *liebt* kommt von *lieben*. Deshalb schreiben wir *liebt* mit b , auch wenn es wie /p/ klingt.

58

Au au Üü
Sch sch

1 Lies und schreibe nur die Obstnamen ab.

Birnen
Erdbeeren
Brot
Butter
Melonen
Sahne
Bananen

2 Was fehlt?

Bi er   Biber   Bi er

 7

siebe   siebe

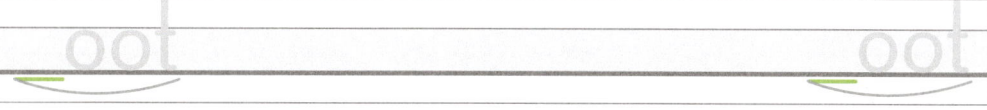
oot   oot

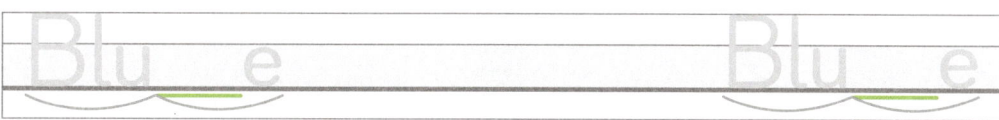
Blu e   Blu e

3 Lies mehrmals. Werde dabei immer schneller.

Bald blühen blaue Blumen,
blaue Blumen blühen bald.

zu FS 46/47 – 1. alle auf dem Zettel notierten Lebensmittel erlesen – nur die Obstsorten heraussuchen und abschreiben (Birnen, Erdbeeren, Melone, Bananen)
2. Einführung „Lückenwörter": Begriffe benennen und Silben schwingen – abgedruckte Wörter dazu erlesen, Wortlücke erkennen – Begriff langsam lautierend sprechen, fehlenden Buchstaben/Laut ermitteln und einschreiben – vollständiges Wort nachspuren und in der jeweiligen Zeile ergänzen
3. Zungenbrecher mehrfach lesen und dabei immer schneller werden – Zungenbrecher ins Heft abschreiben

59

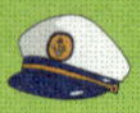

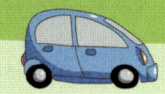

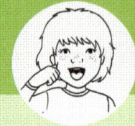

Au au

Au Au au au au Au

Au au Au au

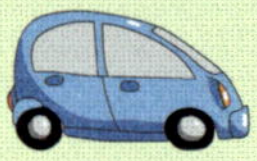

Auto Auto

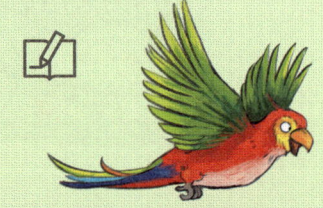

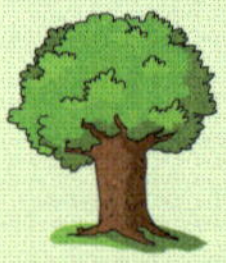

Baum Baum

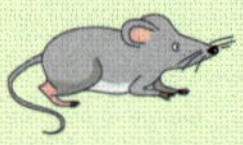

Maus Maus

aus aus

laut laut

blau blau

laufen laufen

Auf dem Baum ist eine braune Taube.

zu FS 48/49 – oben graue Au und au einmal nachspuren – Feld mit weiteren Au und au füllen
Mitte alle grauen Vorgaben nachspuren und Restzeilen entsprechend füllen
unten *optional:* vorgegebenen Satz erlesen und ins Heft abschreiben

1

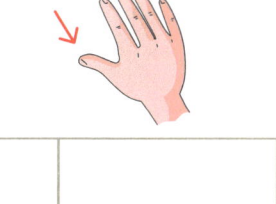

2

Finde erst alle (Au) und (au).

Da ist ein blaues Haus.

Was fehlt auf dem Haus?

Du findest es in der Fibel

auf Seite 48.

Male es dann hier auf das Haus.

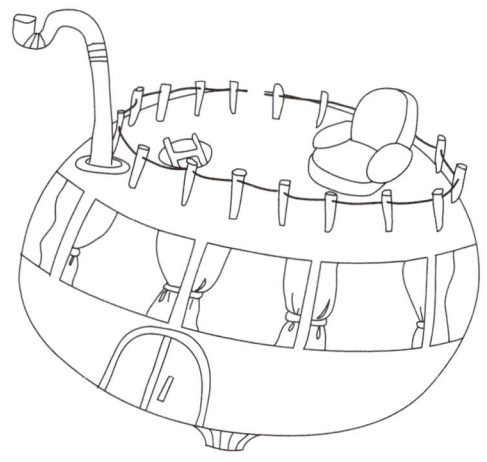

3

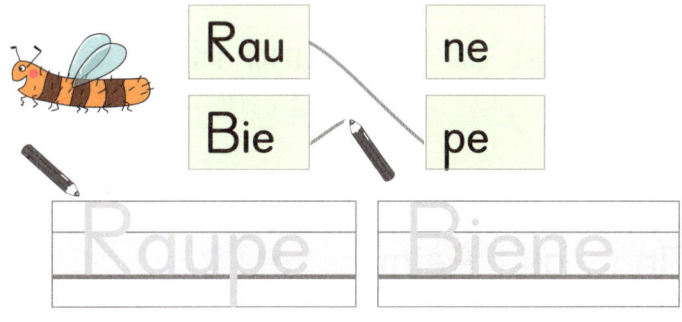

Rau	ne
Bie	pe

Raupe   Biene

En	se
Ha	te

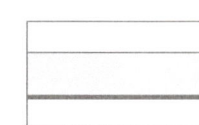

Tau	sel
E	be

---

zu FS 48/49 – 1. *Lautbild Auto* und abgebildete Begriffe benennen – Begriffe danach abhören, ob der /au/-Laut am Wortanfang oder später im Wort klingt
2. Lese-Mal-Aufgabe: Text erlesen und alle Au und au rot einkreisen – Text erneut lesen und Abbildung betrachten – Abbildung nach Textvorgabe ergänzen
3. Partnerarbeit: abgebildete „Mischwesen" gemeinsam betrachten und herausfinden, aus welchen zwei Tieren sie bestehen (ggf. Fibelseite 49 danebenlegen) –
beim vorgegebenen Beispiel die Lösungen nachspuren – die unteren (*Ente – Hase* und *Taube – Esel*) selbstständig verschriften

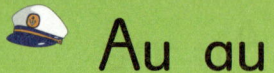

Au au

4

T   b
e
T au

R   au
p   e

F   r
F   au

---

5   Was passt am bes**ten**?

| sau**sen**   Haut   Traum   laut   bau**en** |

Mi**la** und Mi**lo** ha**ben** ei**nen** ___Traum___ .

Sie wo**llen** ein blau**es** U**fo** _____ .

Da**mit** wo**llen** sie um die Er**de** _____ .

Im All ist es lei**se** und nie**mals** _____ .

Olli liebt Polli!

6   Fin**de** a**lle** Reim**paa**re:

| Haus   Traum   Frau   Baum   Sau   Maus |

___Haus___

___M_____

zu FS 48/49 – 4. „Würfelwörter": Begriff benennen – Einzelbuchstaben erlesen und in der richtigen Reihenfolge miteinander verbinden – Wort in die Zeile zum Bild schreiben – 5. Auswahlwörter im Kasten erlesen – Lückensätze erlesen – Sätze mit dem jeweils passenden Wort aus dem Kasten vervollständigen – genutzte Wörter nach und nach ausstreichen – (ein Wort bleibt übrig: Haut)
6. Ollis Sprechblase erlesen und Reim feststellen – Wörter im Kasten erlesen und abhören – Reimpaare ermitteln und untereinander abschreiben (LeMeSchKo)

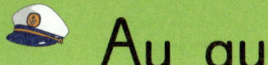

Zz
Sch sch

1

Ha~~se~~
Ente

Hate   o**der**   Ense

Rau~~pe~~

Af~~fe~~

_____ o**der** _____

Pu~~del~~

Tau~~be~~

_____ o**der** _____

2

Schrei**be** das pas**sen**de Wort in die Zei**le**.

Die schlau**e** Maus will Trau**ben**

auf _____ .

○ auf**ru**fen

⊗ auf**fres**sen

Na**o**mi will ein Bild blau

_____ .

○ aus**ma**len

○ aus**re**den

O**ma** wird mei**ne** Fahr**rad**rei**fen**

_____ .

○ auf**bau**en

○ auf**pum**pen

zu FS 48/49 – 1. Tiernamen links jeweils paarweise erlesen – Silben schwingen – abgebildetes „Mischwesen" betrachten –
beide mit vertauschten Endsilben möglichen Fantasienamen danebenschreiben
2. Satzanfänge und Auswahlergänzungen (Verben mit Vorsilben) erlesen – die jeweils passende Ergänzung ankreuzen und in die Lineatur schreiben.

63

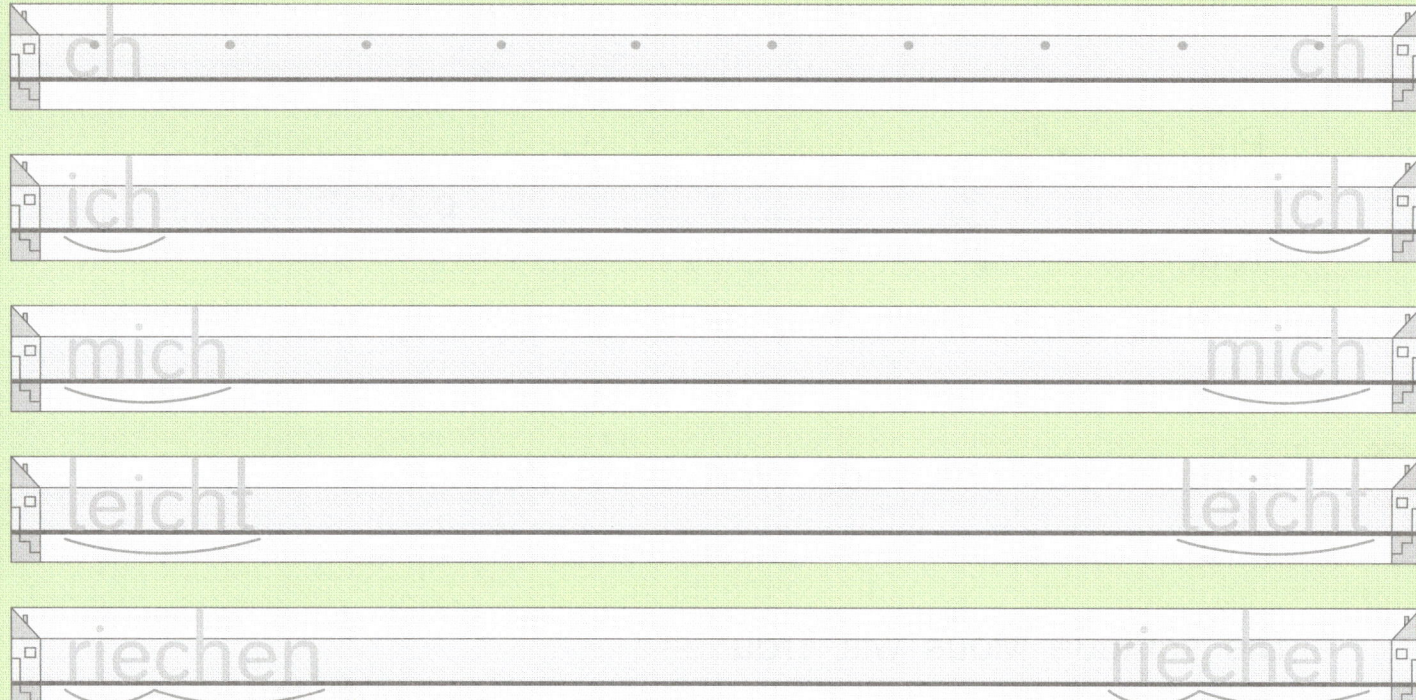

ch ・ ・ ・ ・ ・ ・ ・ ・ ・ ・ ch

ich   ich

mich   mich

leicht   leicht

riechen   riechen

die Milch   das Licht   der Teich

Welches Wort passt hier?

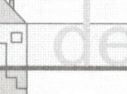
der

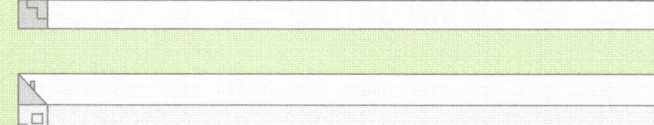

zu FS 50/51 – oben *Lautbild Milch* mit ch als Endlaut und abgedrucktes Wort erarbeiten –
„ich-Lautung" abhören und Wörter in den Zeilen erlesen – graue ch einmal nachspuren – Feld mit weiteren ch füllen
Mitte alle grauen Vorgaben nachspuren und Restzeilen entsprechend füllen
unten Wörter im Kasten erlesen – abgebildete Begriffe benennen und die passenden Wörter mit Artikel danebenschreiben – *optional:* Wörter ins Heft schreiben

Ch ch

Bu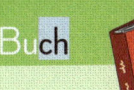ch

acht   acht

doch   doch

auch   auch

suchen   suchen

machen   machen

das Buch   der Bauch   das Dach

Welches Wort
passt hier?

das

Ein Wort mit Ch findest du nur selten:

Ch   Ch

China   China

zu FS 50/51 – oben *Lautbild Buch* mit ch als Endlaut und abgedrucktes Wort erarbeiten – „ach-Lautung" abhören und Wörter in den Zeilen erlesen –
Unterschied zur „ich-Lautung" bewusst machen – alle grauen Vorgaben nachspuren und Restzeilen entsprechend füllen – **Mitte** Wörter im Kasten erlesen –
abgebildete Begriffe benennen und die passenden Wörter mit Artikel danebenschreiben – **unten** Erarbeitung des großen Ch: Ch steht nur sehr selten am
Wortanfang. Dort klingt es meist wie in *China* („ich-Laut") oder wie in *Christiane* (/k/-Laut). – graue Vorgaben nachspuren und Restzeilen entsprechend füllen

65

 Milch   **ch**   Buch

1

Milch

| |

| |

| |

| |

2

Buch

| |

| |

| |

| |

3

Horche zuerst alle ch und ch ab. Sortiere dann:

Woche   Teich   Milch   Nacht   Licht   Tochter

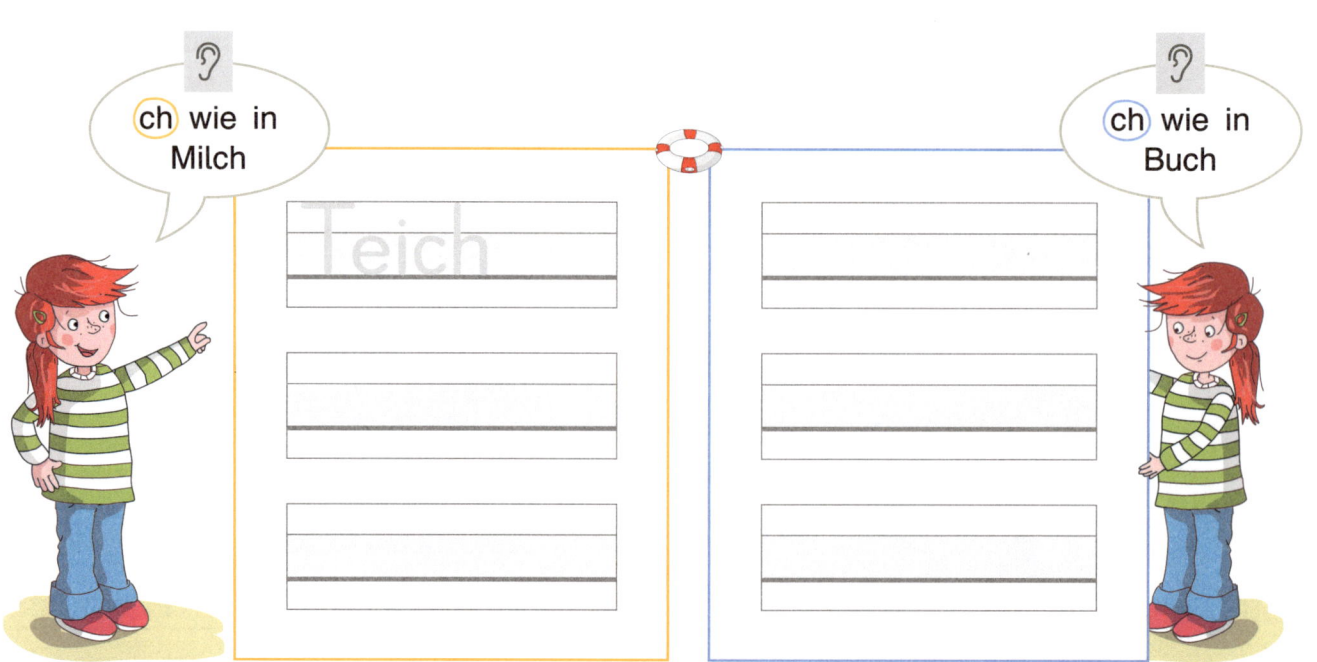

ch wie in Milch

ch wie in Buch

Teich

zu FS 50/51 – **1.** *Lautbild Milch* und abgebildete Begriffe benennen – Begriffe sprechschwingen und Silbenbögen daruntersetzen – Begriffe nach dem „ich-Laut" abhören und (gelb) einkreisen, wenn er im Wort klingt – **2.** *Lautbild Buch* und abgebildete Begriffe benennen – Begriffe sprechschwingen und Silbenbögen daruntersetzen – Begriffe nach dem „ach-Laut" abhören und (blau) einkreisen, wenn er im Wort klingt
3. Wörter im Kasten erlesen und die unterschiedliche /ch/-Lautung abhören – gelb bzw. blau einkreisen und in die richtige Spalte abschreiben (LeMeSchKo)

4

B u ch   L i ch t   D a ch

---

5 Was passt am besten?

weich   flach   einfach   wach   frech

Ollis bunte Federn sind sehr _____ .

Olli bleibt nachts manchmal _____ .

Olli ist oft sehr, sehr _____ .

Lachen mit Olli ist aber total _____ .

---

6 Finde alle Reimpaare:

sich   Tuch   Fach   Buch   mich   Dach

sich

zu FS 50/51 – 4. „Würfelwörter": Begriff benennen – Einzelbuchstaben erlesen und in der richtigen Reihenfolge miteinander verbinden –
Wort in die Zeile zum Bild schreiben – 5. Auswahlwörter im Kasten erlesen – Lückensätze erlesen – Sätze mit dem jeweils passenden Wort
aus dem Kasten vervollständigen – (ein Wort bleibt übrig: flach)
6. Wörter im Kasten erlesen und abhören – Reimpaare ermitteln und untereinander abschreiben (LeMeSchKo)

67

1

Mein Name ist Pablo.

Ich habe mit meinen Eltern zwei Jahre

in Spanien gelebt.

Seit acht Wochen sind wir wieder in Bochum.

Nun spreche ich manchmal zwei Sprachen

durcheinander.

Wenn ich jemanden treffe, sage ich nicht „guten Tag",

sondern „buenos dias".

Wenn ich wieder gehe, sage ich nicht „auf Wiedersehen",

sondern „adios".

Findet heraus, wie man das in anderen Sprachen sagt.

2

Manches spricht man hier und in Spanien fast gleich aus.

Suche alle Wortpaare:

das Auto

die Familie

der Tee

die Torte

die Taube

el té

la torta

la paloma

el auto

la familia

Findest du auch,
was anders ist?

zu FS 50/51 – 1. Partnerlesen: Text gemeinsam erlesen und sich über den Inhalt austauschen – ggf. analoge Floskeln aus anderen Sprachen benennen
2. deutsche und spanische Nomen mit Artikeln erlesen – Klangunterschiede benennen – Nomen mit gleicher Bedeutung miteinander verbinden

3

Das machen alle:

Das macht Pablo:

Alle lachen.	→	Pablo lacht.
Alle tauchen.	→	Pablo
Alle turnen.	→	Pablo
Alle rechnen.	→	

---

4 Welches Wort passt am besten?

Niemand wird Olli und Raune

aus _____ .

○ ausmachen
○ auslachen

Mila und Milo werden wieder bei Olli

_____ .

○ auftauchen
○ aufwachen

Mit Lomi kann Olli alle Sprachen

_____ .

○ ausblasen
○ ausprobieren

zu FS 50/51 – 3. Verben in der 3. Person Plural erlesen und nachspuren – jeweils passende Verbform in der 3. Person Singular finden und aufschreiben
4. Satzanfänge und Auswahlergänzungen (Verben mit Vorsilben) erlesen – die jeweils passende Ergänzung ankreuzen und in die Lineatur schreiben

69

Z z

Z   z   z   z

Z   Z

Zeit   Zeit

Zeit   Zeit

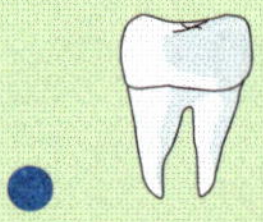

Zahn   Zahn

Welches Wort passt wohin?

Zitrone   Zebra

Zaun   Zwiebel

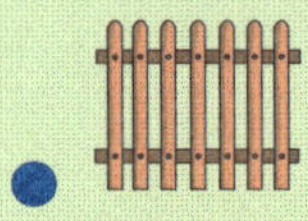

zu FS 52/53 – oben Formübung Z: Z innerhalb der Laternen nachspuren – weißes Z mit mehreren Farben nachspuren – graue Z einmal nachspuren – Feld mit weiteren Z füllen – Schreibansatzpunkt und Richtungspfeile beachten
Mitte alle grauen Vorgaben nachspuren und Restzeilen entsprechend füllen
unten Wörter im Kasten erlesen – abgebildete Begriffe benennen und die passenden Wörter danebenschreiben

Zz   Zz

z   z

zu   zu

zur   zur

zwei   zwei

kurz   kurz

Pilz   Pilz

Pizza   Pizza

Herz   Herz

Welches Wort passt zu welcher Zeile?

tanzen   zeichnen

ziehen   zaubern

zu FS 52/53 – oben/Mitte alle grauen Vorgaben nachspuren und Restzeilen entsprechend füllen
unten Wörter im Kasten erlesen – abgebildete Verben benennen und die passenden Wörter danebenschreiben

71

Z z

1

2

Immer ein Wort passt nicht dazu. ✗✏

Naomi zieht Milo Zebra in ein Zimmer.

Dort tanzt zaubert der Lehrer fremde Zahlen herbei.

Alle rechnen die Zwiebeln Zahlen zusammen.

Nach zehn Minuten ist die Zeit zu um.

3

der oder die oder das ?

Das sind Nomen.

Zahn   Zeit   Salz   Wurzel

die Zeit

die Zeit   das Salz   der Zahn   die Wurzel

zu FS 52/53 – **1.** *Lautbild Zitrone* und abgebildete Begriffe benennen – **Einführung der Unterscheidung zwischen** *Anlaut, Inlaut* und *Auslaut:* Begriffe danach abhören, ob der /z/-Laut am Wortanfang (1. Kästchen), irgendwo im Wortinnern (2. Kästchen) oder als letzter Laut am Wortende (3. Kästchen) klingt
2. „Stolperwörter": Sätze einzeln erlesen – nicht in den Satz passendes Wort ermitteln und rot durchkreuzen
3. bestimmte Artikel und Wörter im grünen Kasten erlesen – Abbildungen benennen und jeweils das passende Wort mit Artikel danebenschreiben

4 Was passt zusammen?

Er ist im Herbst auf dem Waldboden zu finden.

Sie ist eine Frucht und immer sehr sauer.

Wanderer brauchen es oft. Nachts ist es ihr Zimmer.

Er ist in deinem Mund. Hat er ein Loch, tut er weh.

• die Zitrone

• der Pilz

• der Zahn

• das Zelt

5

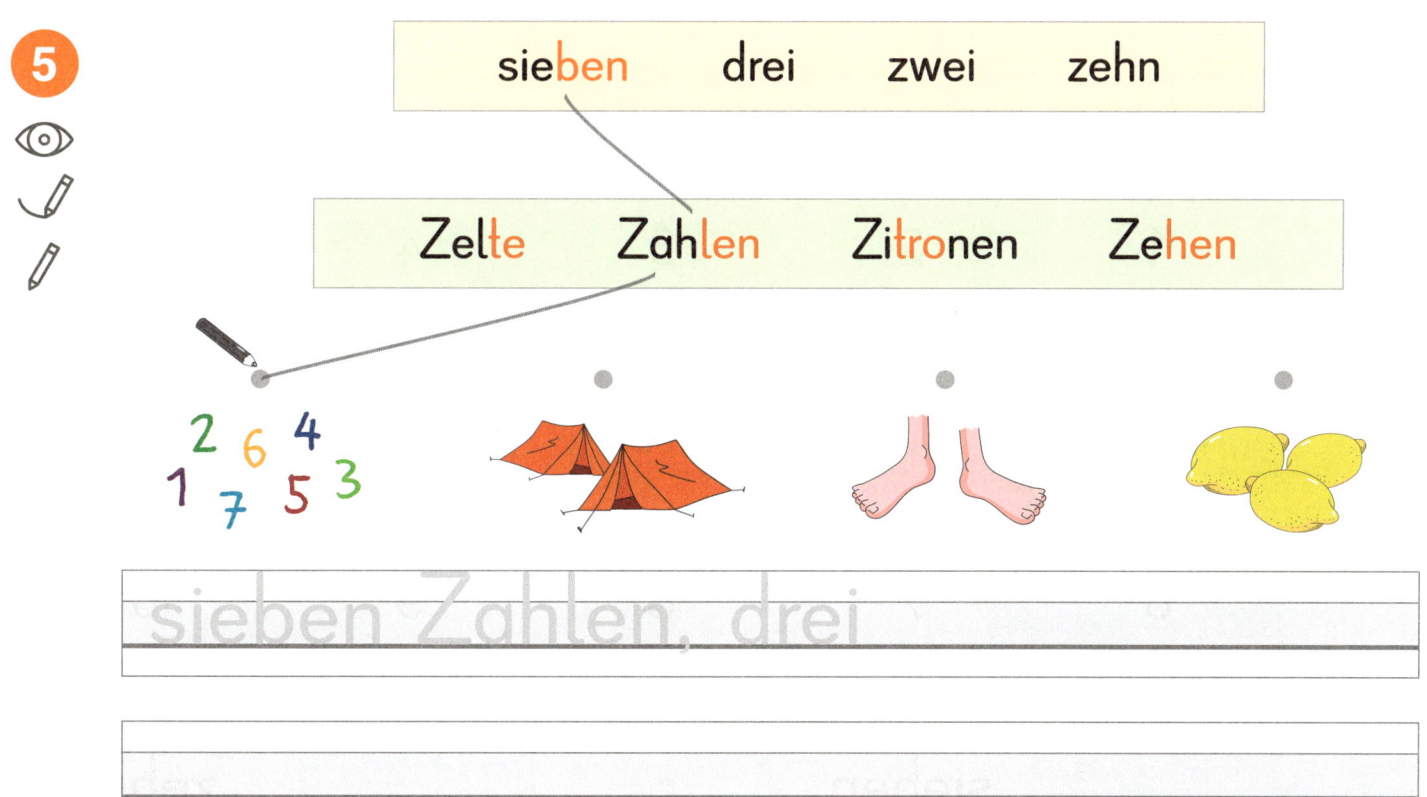

sieben drei zwei zehn

Zelte Zahlen Zitronen Zehen

sieben Zahlen, drei

zu FS 52/53 – 4. Aussagen links erlesen – Begriffe rechts erlesen – Aussagen mit den passenden Begriffen verbinden
5. Zahlwörter und Nomen erlesen – passende Abbildungen dazu suchen (Einzel-Elemente zählen) und zusammengehörige Elemente miteinander verbinden – Zahlwörter zusammen mit dem jeweils passenden Nomen in die Zeilen schreiben

73

Z z

Sch sch
Kk Gg

1 Lies zuerst diese Zeilen.

Schreibe sie dann ab.

Zwölf ist
zehn plus zwei.
Zaubere unsere
Zeit herbei!

Merke dir
die Zeilen gut.
Sage sie dann auf.

---

2 Was fehlt in den leeren gelben Feldern?

1	2	3	4	5
I	II		IIII	₩
eins		drei		

6	7	8	9	10
₩ I		₩ III	₩ IIII	₩ ₩
	sieben			zehn

zu FS 52/53 – 1. Lomis Zauberspruch erlesen und richtig in die Zeilen abschreiben (LeMeSchKo) – Zauberspruch auswendig lernen – *optional:* aufsagen
2. Fibelseite 52 aufschlagen und Rechenmaschine betrachten – Tabelle spalten- bzw. zeilenweise durchsehen und die gelben Felder ergänzen

K k

K

K

K

K

K   K

Kino   Kino

Kuchen   Kuchen

Kind   Kind

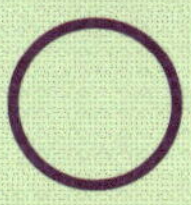

Kreis   Kreis

Kamel   Kamel

Kleid   Kleid

♥

zu FS 56/57 – oben Formübung K: „Kükenschnabel" wie vorgegeben nachspuren bzw. ergänzen – weißes K mit mehreren
Farben nachspuren – graue K einmal nachspuren – Feld mit weiteren K füllen – Schreibansatzpunkte und Richtungspfeile beachten
Mitte alle grauen Vorgaben nachspuren und Restzeilen entsprechend füllen
unten *optional: Lieblingsbuchstaben/-wörter aufschreiben*

75

k   k   k   k

k   k

K k   K k

kurz   kurz

kochen   kochen

kaufen   kaufen

die Wol**ke**   das Pa**k**et   der **K**eks

Was ist im Korb?

zu FS 56/57 – oben weißes k mit mehreren Farben nachspuren – graue k einmal nachspuren – Feld mit weiteren k füllen – Schreibansatzpunkte und Richtungspfeile beachten – alle grauen Vorgaben nachspuren und Restzeilen entsprechend füllen
unten Wörter im Kasten erlesen – abgebildete Begriffe benennen und die passenden Wörter danebenschreiben – *optional:* Ollis Sprechblase erlesen, Abbildung dazu betrachten und Frage im Heft schriftlich beantworten (Karotten, Paprika, Zwiebeln, Kohl, Kartoffeln)

K k

1

2 Was passt zu den Fibelseiten 56 und 57?

◯ In Omas Korb sind Kartoffeln und Knoblauch.

◯ Im Bootshaus ist ein Plastik-Kamel.

◯ Sami sieht einen Kalender.

◯ Die Kinder sind in der Zukunft.

◯ Die Kinder kochen mit Oma Kartoffelsuppe.

◯ Olli knabbert lieber Kuchen und Kekse.

3 Was isst du am liebsten? Notiere es hier:

zu FS 56/57 – 1. *Lautbild Kuchen* und abgebildete Begriffe benennen – Begriffe danach abhören, ob der /k/-Laut am Wortanfang, irgendwo im Wortinnern oder als letzter Laut am Wortende klingt
2. Fibelseite 56/57 bereitlegen – Frage und Aussagen erlesen und auf Fibelseite 56/57 überprüfen – richtige Aussagen ankreuzen (nur die 4. Aussage ist falsch)
3. freies Schreiben zur Fragestellung

77

K k

4 Was passt zur Fibelseite 57?

○ Oma kocht eine Suppe mit Pantoffeln.

○ Oma klebt eine Puppe mit Kartoffeln.

○ Oma kocht eine Suppe mit Kartoffeln.

○ Oma kaut einen Koffer mit Kartoffeln.

Notiere hier die passende Antwort.

---

5 Baue aus den Silben das Wort zum Bild.

te Ka rot

Karot

ko Kro dil

se do Keks

Das ist ein bunter Silbensalat!

zu FS 56/57 – 4. Frage und Auswahlsätze erlesen – richtige Aussage ankreuzen und abschreiben (LeMeSchKo)
5. Abbildungen benennen – Silbenschwingen – Einzelsilben erlesen – Wörter zu den Abbildungen Silbe für Silbe verschriften – benutzte Silben nach und nach ausstreichen – Silbenbögen setzen

K k

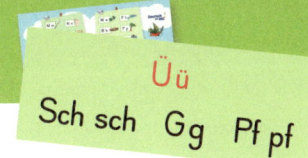

Üü

Sch sch   Gg   Pf pf

1 Nummeriere die Schritte in der richtigen Reihenfolge.

◯ Wasser und Gemüse in einen Topf geben.

1. Das Gemüse gut waschen.

◯ Die Suppe mit Salz und Petersilie würzen.

◯ Das Gemüse klein schneiden.

---

2 Was fehlt?

Pa_et   Pa_et

_offer   _offer

K_eid   K_eid

_ro_odil   _ro_odil

---

3 Welche Suppen isst du am liebsten?

◯ Kartoffelsuppe   ◯ Linsensuppe

◯ Brokkolisuppe   ◯

zu FS 56/57 – **1.** Fibelseite 57 bereitlegen – Aufgabe und alle Sätze einmal lesen – anhand des vorgegebenen ersten Schrittes die Ordinalzahlen einführen – Reihenfolge anhand der Abbildung auf Fibelseite 57 ermitteln und Ordinalzahlen ergänzen (3. – 1. – 4. – 2.)
2. Begriff benennen und Silben schwingen – Wortlücke erkennen – Begriff langsam lautierend sprechen, fehlenden Buchstaben/Laut ermitteln und einschreiben – vollständiges Wort nachspuren und Restzeile füllen – **3.** Frage durch Ankreuzen und/oder freies Verschriften beantworten

79

 Löffel　　Ö ö

Ö ö　　　　　　　　　　　　　　　　　　　　　　Ö ö

Öl　　　　　　　　　　　　　　　　　　　　　　　Öl

Löwe　　　　　　　　　　　　　　　　　　　　　Löwe

Flöte　　　　　　　　　　　　　　　　　　　　　Flöte

zwölf　　　　　　　　　　　　　　　　　　　　　zwölf

lösen　　　　　　　　　　　　　　　　　　　　　lösen

hören　　　　　　　　　　　　　　　　　　　　　hören

können　　　　　　　　　　　　　　　　　　　　können

 Zwölf Löwen flöten öfter blöde Töne.

zu FS 58/59 – oben Formübung Ö: „Löwengesicht" wie vorgegeben nachspuren bzw. ergänzen
Mitte alle grauen Vorgaben nachspuren und Restzeilen entsprechend füllen
unten *optional:* vorgegebenen Satz erlesen und ins Heft abschreiben

 **Ö ö**  Löffel

1 Bilde die Mehrzahl.

der Korb

die Körbe

der Ton

die

der Wolf

der Koch

---

2 Huch, hier fehlen alle ö! Finde sie. (noch 7-mal)

Alle wollen Tiere hören. Also machen die Kinder Tone.

Milo macht eine Robbe nach.

Naomi hort sich wie ein Wolf an.

Sami ruft: „Wolfe und Lowen horen sich bose an.

Aber sie sind nicht bose!"

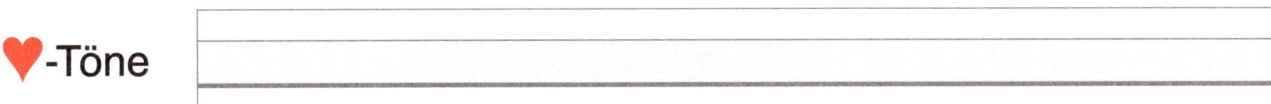

Töröööh!!!

3 Nun seid ihr dran:

Welche Tiere könnt ihr nachmachen?

♥-Töne

zu FS 58/59 – 1. Begriff *Mehrzahl* erarbeiten – Einzahlbegriffe über den Zeilen erlesen – Mehrzahl bilden und die lautliche Veränderung
des Vokals abhören – Mehrzahlbeispiel *die Körbe* nachspuren – zu den weiteren Begriffen die Mehrzahlform bilden und mit Umlautung verschriften
2. Text sorgfältig artikulierend erlesen – fehlende Umlautungen finden und rot ergänzen
3. freies Schreiben zur Fragestellung

1 Höhlen in der Steinzeit

In Höhlen finden Forscher öfter uralte Wandbilder.

Diese Bilder sind aus der Steinzeit.

In der Steinzeit wohnten die Menschen in Höhlen.

Sie mischten Farben aus Erde

und malten mit ihren Händen

und kleinen Ästen.

An die Höhlenwände

malten sie Löwen, Hirsche

und Rinder mit tollen Hörnern.

---

2 Mach alles kleiner.

das Korn ➡️ das Körnchen

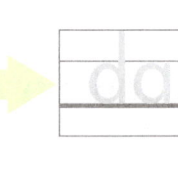

die _____ ➡️ _____

 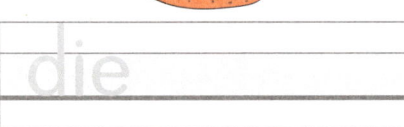

die _____ ➡️ _____

zu FS 58/59 – 1. Partnerlesen: Text abwechselnd Satz für Satz erlesen – ggf. über Vorwissen austauschen
2. Abbildungen benennen und Begriffe in der Einzahl aufschreiben – Verkleinerungsformen mit Umlautung finden und danebenschreiben

Sch sch

Sch Sch Sch Sch Sch Sch

Sch   Sch

Schere   Schere

Schule   Schule

Schiff   Schiff

Schuh   Schuh

Schreibe die Wörter ab.

• Schaf   • Schaukel   • Schnee

Schöne Schafe fressen Schokolade mit einem Löffel.

zu FS 60/61 – oben graue Sch einmal nachspuren – Feld mit weiteren Sch füllen
Mitte alle grauen Vorgaben nachspuren und Restzeilen entsprechend füllen – Ollis Sprechblase und Begriffe aus dem Kasten erlesen und Begriffe abschreiben
unten *optional:* vorgegebenen Satz erlesen und ins Heft abschreiben

83

sch

sch

sch

sch

sch

sch

sch

---

sch   sch

Sch sch   Sch sch

schön   schön

frisch   frisch

waschen   waschen

Tisch   Tisch

---

schrei**ben**   schei**nen**   schnei**den**   schla**fen**

schei

zu FS 60/61 – **oben** graue sch einmal nachspuren – Feld mit weiteren sch füllen
Mitte alle grauen Vorgaben nachspuren und Restzeilen entsprechend füllen
unten Verben im Kasten erlesen – abgebildete Begriffe benennen und die dazu passenden Verben danebenschreiben

Sch sch

1

[ ] [ ] [ ]   [ ] [ ] [ ]   [ ] [ ] [ ]   [ ] [ ] [ ]

2

◯ Schuhe aus Schnee.

⊗ Schiffe aus Papier.

Milo faltet   Schiffe aus

◯ bunten Fischen zu.

◯ frischen Tischen zu.

Olli schaut

◯ in der Waschmaschine.

◯ in schönen Betten.

Wir schlafen

3

Lies mehrmals. Werde dabei immer schneller.

Schwere Schweine schwimmen schnell,
schnell schwimmen schwere Schweine.

zu FS 60/61 – 1. *Lautbild Schere* und abgebildete Begriffe benennen – Begriffe danach abhören, ob der /sch/-Laut am Wortanfang, irgendwo im Wortinnern oder als letzter Laut am Wortende klingt
2. Satzanfang und Auswahlergänzungen erlesen – alle Sch und sch einkreisen – passende Ergänzung ankreuzen und neben den Satzanfang schreiben (LeMeSchKo) – **3.** Zungenbrecher mehrfach lesen und dabei immer schneller werden – *optional:* Zungenbrecher ins Heft abschreiben

4

T ^a ^e sch

Sch ^a l

F ^r o ^{sch}

5

| Motor | Schrift | Papier | Piraten | Buch | Raum |

-schiff

Motorschiff

Motorschiff Papierschiff Piratenschiff Raumschiff

---

6 Schreibe Wörter zu Samis Namen.

So mache
ich das.

S ammelt Muscheln
A
M
I

Oft frech
Liebt Kekse
Lernt lesen
Immer schlau

zu FS 60/61 – **4.** Begriff benennen – Einzelbuchstaben erlesen und in der richtigen Reihenfolge miteinander verbinden – Wort in die Zeile zum Bild schreiben
5. Einführung „Komposita": Bestimmungswörter im oberen Kasten und Grundwort -schiff im unteren Kasten erlesen – vorgegebenes neues Wort (Motorschiff) erlesen – alle weiteren Wortzusammensetzungen ausprobieren – richtige Wörter aufschreiben (Lösungen in Ollis grünem Kasten)
6. Klassengespräch: Akrostichon analog/parallel zur Fibelseite 61 erarbeiten (Bedeutung der Anfangsbuchstaben anhand von Ollis Zettel wiederholen)

Sch sch

1 Finde zuerst alle 6 Verben. Schreibe sie dann ab.

waschen   frisch   schreiben   schreien   und

schlafen   oder   naschen   schwarz   schaukeln

Ich kann

Verben sagen,
was man tut.

waschen, sch

2 Lies zuerst. Markiere dann die Schiffsarten.

Verbinde zum Schluss mit dem richtigen Bild.

Auf manche Inseln kommt man
nur mit einem Schiff.
Diese Schiffe nennt man Fähren.
Die Fähren nehmen Menschen,
Tiere und sogar Autos mit.

Segelschiffe haben mindestens
einen Mast und ein Segel.
Sie werden durch die Kraft
des Windes angetrieben.
Segelschiffe gibt es schon seit
mehr als tausend Jahren.

zu FS 60/61 – 1. Ollis Sprechblase erlesen und den Begriff *Verben* kennenlernen – Wörter im Kasten erlesen – alle Verben grün einkreisen
und abschreiben (LeMeSchKo)
2. Partnerlesen: Aufgabenstellung und Texte zu den Schiffsarten abwechselnd erlesen – Fotos betrachten und Texte mit dem jeweils passenden Foto verbinden

87

Inhaltsverzeichnis